Arten und Stufen der Sozialisierung

Ein Gutachten

von

Franz Eulenburg

München und Leipzig
Verlag von Duncker & Humblot
1920

Altenburg
Pierersche Hofbuchdruckerei
Stephan Geibel & Co.

Die Abhandlung stellt ein Gutachten dar, das neben einigen anderen zur Aussprache über die Sozialisierungsfrage für die diesjährige Generalversammlung des Vereins für Sozialpolitik bestimmt war. Sie will nicht einzelne Maßnahmen der Wirtschaftspolitik empfehlen oder bekämpfen. Sie enthält sich darum auch geflissentlich jedes Werturteils über den Gedanken der Sozialisierung selbst, sondern nimmt ihn als ein Gegebenes an. Vielmehr geht die Absicht dahin, von wissenschaftlicher Seite einmal rein sachlich die Frage zu untersuchen: was eigentlich wirtschaftlich bei den Maßnahmen herauskommt, und welches ihre Tragweite für die ganze Volkswirtschaft sei. Von politischen Erwägungen, die in den Tageserörterungen die Hauptrolle spielen, wird dabei abgesehen. Da wir einstweilen nur mit Möglichkeiten zu tun haben, so können auch die Schlüsse nur auf Wahrscheinlichkeit Anspruch erheben. Diese sind allerdings immer gesicherter als die gefühlsmäßigen Erwartungen oder Befürchtungen, die sonst ganz allgemein mit der Frage sich verknüpfen. Die Einsicht in die wirtschaftlichen Zusammenhänge der Erscheinungen ist bei uns erschreckend gering. Dies tritt ungefähr bei jeder öffentlichen Erörterung solcher Fragen zutage; es sei in dieser Hinsicht nur an „Mitteleuropa" erinnert. Die bis zur Drucklegung erschienene Literatur über den Gegenstand ist von mir kritisch verwertet worden; dabei wurde die Fragestellung von vornherein auf die ökonomischen Wirkungen der Sozialisierung gerichtet. Aber gerade diese Literatur läßt mit ganz wenigen Ausnahmen ebenfalls wirtschaftliche Erwägungen gänzlich vermissen. Darum schien es erwünscht, weiteren Kreisen diese Betrachtungen zugängig zu machen: sie versuchen, ihnen ein ursächliches Denken näher zu bringen.

Gegenüber den ursprünglichen Gutachten sind nur geringe stilistische Änderungen vorgenommen.

Anfang September 1919.

F. E.

Inhalt.

	Seite
Einleitung	5—7

Begriff der Sozialisierung — Motivation — Vier Stufen — Kritische Fragestellung.

I. Einfluß der Arbeiter auf das Einzelunternehmen: Betriebsräte .... 7—12

Ihre Aufgabe — Gewinnbeteiligung — Ihre Folgen — Gesellschaftlicher Mehrwert.

II. Überführung „reifer" Gewerbe in die Hände der Gesamtheit: „Vollsozialisierung" (Staatssozialismus) ..... 13—21

Verstaatlichung — Sozialisierung des Besitzes — Sozialisierung der Verwaltung — Folgen — Staatsregie — Widerspruch zwischen selbständiger Leitung und gemeinwirtschaftlicher Verwaltung.

III. Stärkere Beteiligung der Gesamtheit am Wirtschaftsleben überhaupt: Gemischtwirtschaftliche Unternehmungen (Staatskapitalismus) .... 21—28

Abtretung aller Arten von Betrieben — Ihre volkswirtschaftlichen Wirkungen — Zwangssyndikate — Veränderter Charakter gegenüber den Kartellen.

IV. Planmäßige Leitung der Volkswirtschaft durch Änderung der Wirtschaftsverfassung: „Gemeinwirtschaft" ...... 29—40

Grundsätzliche Änderung der Auffassung — Planmäßige Ordnung des Gesamtprozesses — Ihre verschiedenen Wege — Aufgaben: 1. Verteilung der Rohstoffe und Herstellung der Güter nach Dringlichkeit des Bedarfes. 2. Regelung des Absatzes und der Ausfuhr. 3. Einfluß auf die Preisbildung. 4. Zusammenlegung der Betriebe und technischer Fortschritt — Wahrscheinlichkeiten.

V. Vorläufige Zusammenfassung .... 41—48

1. Machtverschiebung und ökonomische Folgen. 2. Änderung in der Verteilung keine Lösung. 3. Produktionsproblem: Das Moment der toten Kosten und des Reibungswiderstandes. 4. Die politischen Fragen.

Einleitung.

Wort und Begriff der Sozialisierung sind erst neueren Datums: man versteht darunter alle Maßnahmen, die das Wirtschaftsleben dem Ziele einer „sozialistischen Ordnung" näherführen können. Diese selbst wird nach dem deutschen Sprachgebrauch gefaßt als Vergesellschaftung der Produktionsmittel; das schließt die Leitung der Erzeugung und Verteilung für und durch die Volksgesamtheit ein[1]). Jenes ist also ein politischer Begriff. Dabei können die Mittel, deren sich die Sozialisierung bedient, sehr verschiedene sein. Sie fallen keineswegs mit „Verstaatlichung" zusammen, wenn diese auch oftmals in Betracht kommen wird. Soweit ich sehe, verknüpfen sich mit dem Begriff drei Motivreihen, die auseinanderzuhalten sind. Einmal der Gedanke einer Steigerung des sachlichen Gütervorrates und der produktiven Kräfte, die durch die heutige Ordnung zurückgehalten und gehemmt würden; sodann der Gedanke einer gleichmäßigeren Verteilung der Güter unter alle Volksgenossen; endlich der einer wesentlichen Mitbestimmung der Arbeiter am Betriebe und Produktionsprozeß, den heute die Unternehmer bzw. die Kapitalisten allein zu bestimmen haben. Es handelt sich also um ein Reichtumsproblem, um ein Verteilungsproblem und ein Machtproblem — drei Fragen, die nicht ohne weiteres zusammenfallen, wenn sie auch innerlich zusammenhängen. Im politisch-wirtschaftlichen Kampfe spielen die beiden letzteren Probleme die allein ausschlaggebende Rolle. Nach der und durch die Revolution in noch stärkerem Maße als vordem. Man kann sagen: der Kampf um den Mehrwert spiele sich ab als Kampf um die Macht, und umgekehrt.

---

[1]) Dazu August Müller, Sozialisierung oder Sozialismus, Berlin 1919, S. 51 f. Es ist festzuhalten, daß der Begriff des Sozialismus in anderen Ländern viel weiter geht, und daß vor allem in England schon alle Sozialisierungsmaßnahmen auch bei Fortbestehen des Privateigentums als Sozialismus gelten würden. Charakteristisch dafür das Finanzprogramm der Fabian society, das Dinge fordert, die wir in Deutschland längst haben.

Es ist aber deutlich, daß beide jenes erstere zur Voraussetzung haben. Das Reichtumsproblem erweist sich als das bei weitem wichtigste. Für jede Wirtschaft ist das Vorhandensein von Gütern nun einmal die Grundlage aller Weiterungen. Möglich ist es, daß durch die Verteilung der Erträgnisse und durch die Macht der Klassen auch die Produktion ihrerseits wieder beeinflußt wird. Aber von selbst versteht es sich nicht. Wir werden darum dieses Problem des Reichtums vor allem im Auge behalten.

Dem entsprechen die verschiedenen Stufen der Sozialisierung, die man bei Befolgung des Weges logisch wie historisch unterscheiden kann. Man ordnet die Maßnahmen zweckmäßig unter dem Gesichtspunkte eines allmählichen Hinstrebens auf das Ziel der Vergesellschaftung unseres ganzen Lebensprozesses. Dieses Ziel selbst kann die Tendenz einer autonomen organischen Entwicklung sein: das also, was man oft auch das „Hineinwachsen in den Sozialismus" genannt hat, ohne daß die Politik es bewußterweise zu fördern unternimmt. Dabei lassen wir es dahingestellt, ob in Wahrheit dieses Ziel objektiv für uns schon erkennbar ist, oder ob es nur eine Deutung des Wirtschaftsgeschehens darstellt. Andererseits kann man aber gewisse Maßnahmen so einrichten, daß sie geeignet erscheinen, jenes Ziel zu erreichen. Wiederum muß es von vornherein unentschieden bleiben, ob dieses Ziel auch wirklich dadurch erreicht wird. Das kann allemal erst durch die Tatsachen bewiesen, nicht aber von vornherein als sicher angenommen werden. Man spricht nicht umsonst von einer Heteronomie der Zwecke.

Wenn man die verschiedenen Möglichkeiten auf ihre Wesenheit betrachtet, so scheinen mir vier solcher Stufen von Maßnahmen aufeinanderzufolgen. Wir charakterisieren sie folgendermaßen:

    I. Bestimmender Einfluß der Arbeiter auf das Einzelunternehmen (Betriebsräte),
   II. Überführung „reifer" Gewerbe in die Hände der Gesamtheit: Vollsozialisierung (Verstaatlichung),
  III. Beteiligung der Gesamtheit am Wirtschaftsleben überhaupt: gemischtwirtschaftliche Betriebe (Staatskapitalismus),
  IV. Planmäßige Leitung der Volkswirtschaft durch Änderung der Wirtschaftsverfassung (Gemeinwirtschaft).

Dabei läßt sich jede der vier Stufen wieder in verschiedener Weise verwirklichen.

Es kann nicht die Aufgabe dieses vorläufigen Gutachtens sein, sämtliche bisher gemachten Vorschläge darzustellen oder die vorhandenen

Möglichkeiten zu erschöpfen¹). Ebensowenig werden hier selbst neue Vorschläge gemacht, um etwa die Sozialisierung schnellstens zu verwirklichen. Das ist nicht Sache einer wissenschaftlicher Betrachtung. Vielmehr werden die Maßnahmen unter den beiden wesentlichen Gesichtspunkten kritisch betrachtet: a) Wie wirken sie auf die Erhöhung des nationalen **Produktionsumfanges** und die **Gütermenge**? b) Wie wirken sie auf den individuellen **Produktionsanteil** und damit auf das **Realeinkommen**? Das sind die beiden Zentralprobleme aller Wirtschaft überhaupt, gleich welcher Ordnung sie untersteht: es werden auch die Zentralprobleme einer sozialistischen Ordnung sein. Es ist deutlich, muß aber ausdrücklich hervorgehoben werden, daß damit keineswegs das ganze Problem der Sozialisierung erschöpft ist. Denn alle Machtfragen sind politisch zu beurteilen und zu werten. Sie lassen in weitem Maße für gefühlsmäßige Momente Raum, wie das bei jedem Staatsideal der Fall ist. Sie entziehen sich damit einer wissenschaftlichen Behandlung. Sie gehören in das Reich des Glaubens, nicht des Wissens. Von dieser Erörterung wird hier Abstand genommen und nur die ökonomisch-sozialen Ursachenbeziehungen einer Betrachtung unterworfen. Wir möchten also gleichsam die **Logik der Sozialisierung** untersuchen, ihren **metapolitischen Sinn**, der hinter den äußeren Maßnahmen steckt: wenn durchgeführt, welches kann ihre Tragweite für den volkswirtschaftlichen Gesamtprozeß sein?

I. Einfluß der Arbeiter auf das Einzelunternehmen: Betriebsräte.

Das System der Betriebsräte ist durch Gesetz jetzt grundsätzlich geregelt und mithin künftig als integrierender Bestandteil des Produktionsprozesses

---

[1]) Die Literatur darüber ist recht groß geworden und in der Hauptsache den folgenden zugrunde gelegt. Es seien genannt: Edmund Fischer, Das sozialistische Werden, 1918. — Kautsky, Die soziale Revolution, 1911. — Derselbe, Sozialdemokratische Bemerkungen zur Übergangswirtschaft, 1918. — Derselbe, Kriegsmarxismus (Marx-Studien 4), 1918. — Rathenau, Die neue Wirtschaft, 1918. — Erich Schairer, Rathenaubrevier, 1918. — H. Beck, Wege und Ziele der Sozialisierung, 1918. — W. v. Möllendorf, Deutsche Gemeinwirtschaft, 1916. — L. v. Wiese, Freie Wirtschaft, 1918. — Goldscheid, Staatskapitalismus oder Staatssozialismus?, 1917. — Derselbe, Sozialisierung der Wirtschaft oder Staatsbankerott, 1919. — Bücher, Die Sozialisierung, 1918. — Neurath, Die Sozialisierung Sachsens, 1919. — v. Tyszka, Die Sozialisierung des Wirtschaftslebens, 1919. — Neurath und Schumann, Können wir heute sozialisieren?, 1919. — Ballod, Der Zukunftsstaat, 1919. — August Müller, Sozialisierung oder Sozialismus, 1919. — Nachträglich: Calwer, Gebundene Planwirtschaft?, 1919. — Wilbrandt, Sozialismus, 1919.

zu betrachten. Ihr Aufgabenkreis läßt sich demnach überschauen. Soweit dadurch ein Einfluß der Arbeiter auf die Leitung der einzelnen Betriebe stattfindet, kann er für diese selbst große Bedeutung erlangen. Der einseitige Machtstandpunkt innerhalb des Betriebes wird verschoben. Das wird zunächst die Behandlung aller sozialpolitischen Fragen betreffen: also Überstunden und Zeitverwendung, Anstellung und Entlassung der Arbeiter, Ferien und Ruhepausen, dazu auch die Arbeitsmethoden in Verbindung mit den neuen Entlohnungsarten, die künftig kaum noch auf die einfache Formel der Zeit= und Akkordlöhne zurückzuführen sein werden. Aber auch andere Fragen können hereingezogen werden. Nicht gehört dazu freilich die Preisbemessung, da hierin der einzelne Betrieb nicht selbständig vorgehen kann, sondern auf Markt, Konjunktur, Auslandskonkurrenz Rücksicht nehmen muß. Man scheint das vielfach zu verkennen, wie immer neue Äußerungen vermuten lassen. Dafür kann anderes in den Aufgabenkreis der Betriebsräte fallen. Betriebsverbesserungen, vornehmlich auch die Frage der wissenschaftlichen Betriebsführung und des Taylorsystems, werden fortan nur im Einverständnis mit der Arbeiterschaft sich lösen lassen. Ihre Mitwirkung ist für eine Umstellung und Neueinrichtung nicht zu umgehen. Auf diesem Gebiete ist ein wirtschaftlicher Fortschritt im Sinne besserer Ausnützung des Stoffes, des Transportes, der Zeit und der Arbeitskraft bei verständnisvollem Zusammenarbeiten aller Beteiligten allerdings möglich. Sie ist andererseits freilich nötig. Einmal zwingen die gesetzliche Zeitverkürzung des Achtstundentages, sodann die hohen Nominallöhne ohnedies dazu, in jedem einzelnen Falle mit geringeren absoluten Kosten höhere Realerträgnisse herauszuwirtschaften. Alle Rationalisierung des Betriebes setzt aber verständnisvolles Mitgehen der Arbeiterschaft voraus: Verstehen der neuen Methoden, Anpassen der Hand an die Aufgaben, Vermeiden unnützer Bewegungen, Sparen an toter Zeit und toten Kosten[1]). All das verlangt dauerndes Sicheinstellen der Arbeiter. Der Betriebsrat bedeutet weit mehr als der ehemalige Betriebsausschuß, dem nur ein kleiner Aufgabenkreis zuerkannt war. Natürlich besagt die rein formale Schaffung solcher Betriebsräte noch nichts über ihre tatsächliche Gestaltung und Wirksamkeit. Es soll die Möglichkeit nicht bestritten werden, daß in technischer Beziehung die Arbeiter leicht sehr konservativ wirken können und Neuerungen sich wenig zugänglich erweisen, wie das Beispiel der englischen Gewerkvereine zeigt.

---

[1]) Darüber habe ich geschrieben in „Vorfragen zur künftigen Finanzwirtschaft" (Schriften des Vereins für Sozialpolitik, Bd. 156, II) und sodann „Neue Wege der Wirtschaft", Leipzig 1918.

Anders steht die Frage, ob die Arbeiter eines Betriebes **unmittelbar am Gewinn beteiligt** werden können. Abgesehen werden soll ganz von der Frage, in welcher Art von Betrieben eine Gewinnbeteiligung überhaupt möglich und durchführbar erscheint. Sie ist es nur in Betrieben mit gleichem Absatz, gleichartiger Produktion und gleichartiger, sehr hochstehender Arbeiterschaft, wie dies bei Zeiß-Jena tatsächlich der Fall ist[1]). Auch bei solchen Betrieben besteht die Schwierigkeit in dem Unterschied zwischen dauernden Gewinnarbeitern und vorübergehend angenommenen Lohnarbeitern. Aber es wird erklärlich, daß manche gutgelohnten Arbeiter dem Tarifgedanken ablehnend gegenüberstehen und sich viel lieber auf die Umgestaltung des eigenen Betriebes selbst versteifen: vornehmlich unter dem Gesichtspunkt der Gewinnbeteiligung. Diese würde, wie es scheint, imstande sein, den Profit wesentlich zu beschneiden und den Mehrwert des Unternehmens direkt an die Arbeiterschaft abzuführen. Unternehmerlohn und eine geringe Vergütung für Aufsichtsräte würde neben der normalen Verzinsung des Kapitals bestehen bleiben, das übrige aber unter die Arbeiter verteilt werden. Das scheint manchem die Folge des Rätesystems werden zu sollen. Indessen bedeutete das eine rein individualistische Lösung des Problems. Eine bestimmte, ausgewählte Arbeiterkategorie würde am Betrieb interessiert, der ihr auch allein zugute käme. Es möchte das der realistischen Behandlung solcher Fragen, wie sie etwa seitens der englischen Arbeiter befolgt wurde, am ehesten entsprechen. Die Betriebsgemeinschaft von Arbeitern und Unternehmern würde dadurch gleichmäßig an möglichst hohem Gewinn interessiert sein und entsprechend vermutlich auch an hohen Preisen. Letzteres ist am bedeutsamsten. Das Gewinnstreben würde dadurch unmittelbar die Arbeiter ergreifen. Ob freilich in Deutschland diese letzteren Folgen eintreten dürften, ist aus politischen Gründen ungewiß. Man braucht an sich Sozialismus nicht immer unter der deutschen Flagge zu betrachten, die für die englisch-amerikanische Sinnesart von vornherein nicht paßt. Gewinnbeteiligung bedeutet jedoch nirgends eine soziale Lösung der Lohnfrage, geschweige denn, daß damit überhaupt das Verteilungsproblem im ganzen berührt wird.

Eine andere Erwägung kommt noch hinzu. Es würde die durch Gewinnbeteiligung erlangte Mehreinnahme für die einzelnen Arbeiter-

---

[1]) Die Vorschläge von R. Wilbrandt im „Vorwärts" vom 9. Dezember 1918 sind davon natürlich auch getroffen; sie sind mehr gefühlvoll-romantisch als sozialökonomisch gedacht. Auffallenderweise schlägt auch die Sozialisierungskommission in ihrem „vorläufigen Berichte" S. 39 für den Kohlenbergbau „Beteiligung am Ertrage" vor.

kategorie sehr unerheblich sein. Verführt durch das Schema von Marx, der in seinen Beispielen rein hypothetisch vorzugsweise die halbe Tagesleistung als Mehrwert annahm, wird seitens der Arbeiter allgemein der individuelle Mehrwert erheblich überschätzt.

Geheimrat Deutsch von der A. E.-G. hat berechnet, daß bei 66 Aktiengesellschaften mit zusammen 2½ Milliarden Mark Kapital, die im Durchschnitt des letzten Jahrzehntes 10% Dividende verteilten, entfallen seien[1]): 215 Millionen Mark auf Dividende, 217 für staatliche, kommunale und soziale Lasten, 1425 auf Löhne. Erstere macht also 13% der übrigen Posten aus. Verteilt man die ganze Dividende auf Arbeiter und Angestellte, so erhält jeder 270 Mark als Anteil des gesamten Mehrwertes. Da sie bisher im Durchschnitt 1945 Mark Arbeitslohn empfingen, so macht also die Verbesserung nur $1/7$ des Lohnes aus. Wenn man die Verzinsung des Kapitals mit 4 vom Hundert in Abrechnung bringt, so bleiben nur noch 115 Millionen Mark Mehrwert übrig. Auf jeden Arbeiter entfallen 147 Mark gleich 7½% des Lohnes: das beträgt für die Arbeitsstunde ganze 5 Pfennig mehr. Das ist alles, was bei Verteilung des Mehrwertes[2]) herauskommt. Eine lächerlich kleine Summe, die wirklich von keiner grundstürzenden Bedeutung ist. Dabei liegen hier abnorm günstige Verhältnisse vor, da kaum viele Gesellschaften durchschnittlich eine so hohe Dividende verteilen können. Wie August Müller berechnet[3]), würde vor dem Kriege bei einer restlosen Verteilung aller Reingewinne auf jeden Arbeiter im Durchschnitt überhaupt nur 100 Mark mehr entfallen; bei 3000 Arbeitsstunden in der Stunde etwa 3 Pfennig. Offenbar bedeutet die Gewinnbeteiligung oder auch die Wegbesteuerung des Mehrwertes *ceteris paribus* keine Lösung des Verteilungsproblems. Der Mehrwert ist eben im Verhältnis zu der Masse der Lohnempfänger nicht groß genug, als daß seine bloße Verteilung ohne Änderung der übrigen Verhältnisse viel ausmachen könnte.

Aber noch eine andere wichtige Folgerung ergibt sich daraus: **auch die Menge der realen Güter, auf die die Arbeiter bei einer gleichen Verteilung des Einkommens Anspruch erheben können, ist nicht groß genug.** Der Konsum der wohl-

---

[1]) Deutsche Wirtschaftszeitung Nr. 10 vom 15. Mai 1919.

[2]) Es bedeutet keinen Einwand, daß auch in dem festen Bestandteil des Kapitals bereits früherer „Mehrwert" stecke. Wenn dieser aus den Produktionskosten fortfällt, so muß auch der Kostenpreis der Produkte sich niedriger stellen.

[3]) August Müller, a. a. O., S. 78 — auch bei anderen Grundzahlen würde doch das Verhältnis das gleiche bleiben.

habenden Schichten beträgt nicht so viel, daß durch deren Beseitigung der einzelne Arbeiter erheblich mehr an realen Gütern erhalten würde. Es kommt natürlich immer nur auf das **reale** Einkommen, nicht auf die nominale Höhe des Geldlohnes an.

Die Gewinnbeteiligung brächte also im günstigsten Falle, wenn nämlich die Preise der Waren die gleichen blieben, nur eine sehr geringere Verbesserung der Lebenslage mit sich. Es würde von vornherein durch das System nur ein verschwindender Teil der Arbeiter Vorteil haben. Die große Mehrzahl würde leer ausgehen. Das ist der Haupteinwand: das Prinzip läßt sich überhaupt gar nicht verallgemeinern. Es versagt mit Notwendigkeit in dem Augenblicke, wo es auf alle angewandt werden soll. Ein **gesellschaftlicher Mehrwert** an sich ist in jeder Gesellschaftsordnung nötig[1]). Er dürfte künftig um so nötiger werden, weil die Aufgaben der Gesellschaft gegenüber den einzelnen außerordentlich wachsen werden. Der einzelne Arbeiter empfängt ja in jedem Augenblick von der Gesellschaft eine ganze Menge von Aufwendungen: Schule, Rechtsschutz, Gesundheitspflege, öffentliche Einrichtungen bis zur Straßenbeleuchtung herab. Sein individueller Konsum wird ergänzt durch soziale Aufwendungen. Die aber müssen von vornherein durch Verkürzung des Arbeitslohnes mitgetragen werden. Jeder Arbeiter hat eben durch seine Arbeit gleichzeitig gesellschaftlichen Mehrwert zu erzeugen — gleich ob dieser durch die Hände der Unternehmer geht oder unmittelbar an die Gesamtheit abgeführt wird. Er hat durch seine Arbeit nicht nur unmittelbar sich und seine Familie sowie die unproduktiven Glieder der Gesellschaft zu erhalten. Vielmehr muß er auch für die allgemeinen Ausgaben der Gesamtheit, an denen er beständig teilnimmt, beisteuern. Mit anderen Worten, er muß täglich so viel Stunden Mehrarbeit leisten, die über sein individuelles Einkommen hinausgehen. Wenn er über eine gepflasterte Straße geht, so hat er schon dafür Mehrstunden zu „frohnden". Er muß außerdem für die Ausweitung des Produktionsapparates Mehrarbeit mit leisten, die erst in Zukunft Früchte trägt, von der er aber unmittelbar gar nichts hat[2]).

Betriebsräte bedeuten Demokratisierung der Gewerbe und Verwirklichung der konstitutionellen Fabrik. Sie können daneben auch auf Intensivierung des Betriebes, Auswahl des Personals, wissenschaftliche Betriebs-

---

[1]) „Mehrwert" ist hier natürlich im uneigentlichen Sinne gemeint.

[2]) Über die naiven Vorstellungen Neuraths a. a. O., der glaubt, daß eine kommunistische Lebensordnung ohne Wert- und Preisberechnung auskommen könne, brauche ich mich hier nicht auszulassen. Es gehört in den Bereich der „Utopistik", die freilich zahlreiche Anhänger hat.

führung und Verbesserung der Arbeitsmethoden Einfluß gewinnen. Insofern kommt ihnen allgemeine volkswirtschaftliche Bedeutung zu. Sie können freilich auch jene hemmen. Die letztere Gefahr liegt sehr nahe, wenn damit persönliche Unbequemlichkeiten und keine Verbesserung der Löhnungsmethoden verbunden sind. Dagegen bedeutet die Beteiligung der Arbeiter am Gewinn und Reinertrag lediglich eine individuelle Besserstellung einiger Betriebsarbeiter, keine Hebung der Gesamtlage der Arbeiter überhaupt selbst. Sie vermag höchstens einzelne Arbeitergruppen individuell herauszuheben und dadurch differenzierend auf ihr Einkommen zu wirken. Materiell nicht sehr bedeutungsvoll, stellt sie formell keine Vergesellschaftung des Mehrwertes dar, sondern eher das Gegenteil; nämlich die unmittelbare Hineinziehung des Arbeiters in die kapitalistische Ordnung. Dabei ist es eine Frage für sich, ob diese „Sozialisierung" sich nicht weit zweckmäßiger auf dem Wege der Besteuerung zugunsten der Allgemeinheit erreichen ließe.

II. Überführung „reifer" Gewerbe in die Hände der Gesamtheit: „Vollsozialisierung".

Weit stärker in die Augen springt und darum weit mehr erörtert ist die zweite Gruppe von Maßnahmen, die man wohl als „Vollsozialisierung" bezeichnen kann. Wir verstehen darunter die restlose Überführung einzelner, besonders „reifer" Gewerbe in die Hände der Gesamtheit: entweder durch einfache Verstaatlichung, indem Reich oder Gemeinde einzelne Gewerbebetriebe gänzlich übernehmen, wie das bisher schon oft genug geschehen ist. Oder in der Form, daß selbständige halb öffentliche Wirtschaftskörper gebildet werden: Zwangssyndikate mit öffentlichem Charakter oder Gesamtorganisationen einzelner Gewerbezweige wie des Kohlenbergbaues. Welche von beiden Formen gewählt wird, bleibt die Frage von Zweckmäßigkeitserwägungen. Es ist zu untersuchen, was das wirtschaftlich für die Erhöhung des Produktionsertrages und für die Ausgleichung bzw. Erhöhung des Produktionsanteiles bedeutet. Wir betrachten zuerst die Verstaatlichung.

Gewöhnlich begreift man unter sozialisierungsreifen Gewerben solche, bei denen auch ohnedies die Konzentration und die Zusammenballung in wenigen Händen weit vorgerückt ist. Als Muster dient immer das Kohlensyndikat. Andererseits kommen solche Gewerbezweige in Betracht, die erst neu geschaffen werden und von vornherein monopolistischen Charakter haben, wie die Luftstickstoffgewinnung, die Kraftversorgung oder der Schleppdienst auf den deutschen Binnenwasserstraßen. Damit verknüpft sich überhaupt der Gedanke der staatlichen Ausnutzung eines faktischen Monopols, wie bei den natürlichen Bodenschätzen. Diese gehören an sich der Allgemeinheit und sind erst aus historischen Gründen der privaten Ausbeutung überantwortet[1]). Nächst dem Kohlenbergbau, sowie dem Kali wären außerdem zu nennen: Verkehrsunternehmungen der Städte, elektrotechnische Industrie, mindestens die elektrische Kraftversorgung des Landes, ferner Versicherungswesen und Hypothekenbanken, ev. gewisse Zweige der chemischen Industrie. Eine mehr oder weniger straffe Kartellierung kann vorangehen, muß es aber nicht. Seltener genannt als sozialisierungsreif werden die Banken und die transozeanische Dampfschiffahrt, obwohl in beiden die Konzentration weit genug gediehen ist. In Betracht kämen noch etwa die Apothekerei und die Milchversorgung, beide vorwiegend als kommunale Angelegenheit. Absehen möchten wir dabei von den weitergehenden Vorschlägen des sächsischen Dreimännerprogramms[2]) oder von den Versuchen Neuraths in Bayern, die die direkte Herbeiführung der sozialistischen Wirtschaftsordnung „auf kürzestem Wege", um mich so auszudrücken, bezweckten. Dabei setzt die Verwirklichung einer Überführung der einzelnen Gewerbezweige in die Hände der Allgemeinheit natürlich eingehende Untersuchungen voraus, die bisher zum guten Teil fehlen. So läßt sich ohne genaue Kenntnisnahme des Versicherungswesens und der Hypothekenbanken ein Urteil über ihre Verwirklichung nicht abgeben.

Am weitesten gediehen sind solche Untersuchungen beim Kohlen- und beim Kalibergbau. Am wenigsten Schwierigkeit macht die Sozialisierung bei der Luftstickstofferzeugung, bei der Kraftgewinnung und -Versorgung. Letztere müssen neu geschaffen werden, und ein Staatsmonopol ließe sich hier wie beim Schleppdienst leicht erreichen. Durchführbar erscheint die Verstaatlichung bei einzelnen Zweigen des Handels, so beim Getreide-, Petroleum-, ev. Zuckerhandel, ev. noch bei der einen oder anderen Art, wenn man von dem Gedanken öffentlicher Einfuhrsyndikate für Rohstoffe

---

[1]) Über das Bergbaumonopol und die Verstaatlichung des Bergbaues ist sehr viel geschrieben worden, außer den bekannten Abhandlungen von Hue, Georg Gothein, Eberhard Gothein (Schriften des Vereins für Sozialpolitik) noch Edmund Fischer a. a. O., sodann „Vorläufiger Bericht der Sozialisierungskommission über die Frage der Sozialisierung des Kohlenbergbaues" 1919 und Bruno Habicht, Beitrag zur Frage der Sozialisierung der Montanindustrie, 1919.

[2]) Neurath-Kranold-Schumann, aufgeführt in den genannten Schriften von Neurath.

ganz absieht¹). Dabei ist eine ganze Reihe von Fragen den Volkswirtschaftlern seit länger bekannt. Sie sind unter dem Namen der „Finanzmonopole" öfters erörtert, für einzelne Zweige, wie Tabak, Streichholzfabrikation, Spiritusverkehr, sind sie auch tatsächlich schon verwirklicht. Ebenso haben die Kommunen zum Teil aus finanziellen, zum Teil aus sozialpolitischen Gründen gleichfalls eine Kommunalisierung vieler Betriebe durchgeführt, nur daß man das ehedem nicht „Sozialisierung" nannte²). Hatte doch Deutschland selbst noch im Kriege das Spiritusmonopol 1918 verwirklicht. Man sieht schon aus dieser Aufzählung, daß im Sinne der „Reifheit" eigentlich nur wenige Gewerbe in Betracht kämen, bei denen die Konzentration hinreichend weit vorgeschritten ist. Andererseits wird manchmal gerade wegen der vorhandenen Zersplitterung (Tabak, Spiritus, Kali) die Überführung in den Staats= bzw. Sozialbetrieb befürwortet. Wir halten uns bei unserer vorläufigen Betrachtung vorwiegend an den Kohlenbergbau.

Es kann sich bei dieser Vollsozialisierung um etwas Doppeltes handeln. einmal um die Übernahme der **Verwaltung** selbst, sodann um die Abtretung des **Besitzes** dieser Gewerbe. Wir können von „sozialisierter Verwaltung" und von „sozialisiertem Besitz" sprechen. Letzterer erscheint als das bei weitem Einfachere. Er würde, wenn die Verwaltung im Grunde unverändert bliebe, auf eine steuer= und finanzpolitische Maßnahme hinauslaufen. Diese Art Sozialisierung wird besonders auf die Gewerbe zutreffen, die sich mit Ausbeutung der Bodenschätze — Kohlen, Kali, Erze, Wasser — abgeben. Dabei scheidet die Frage der Entschädigung (bzw. der Enteignung) hier aus, obwohl sie vor allem für die künftige Rentabilität eine entscheidende Bedeutung erlangt. In der Art der Abfindung kann sich bereits ein sozialer Gesichtspunkt äußern: ob man nur die heutigen Besitzer und ev. ihre Söhne oder auch die

---

¹) Auch die Frage des Getreidemonopols ist öfters erörtert. So von Hainisch in den Schriften des Vereins für Sozialpolitik, Bd. 156, sodann Blankenstein, Finanzquellen I, Getreidemonopol; außerdem Edmund Fischer a. a. O.

²) Der Zusammenhang sozialer Finanzmonopole mit Sozialisierungsabsichten ist in der ganzen Finanzliteratur dauernd behandelt; zuletzt bei Lotz, Finanzwissenschaft. Neuerdings wird dieser Zusammenhang jedoch über Gebühr vernachlässigt. Ausführlich handelt darüber wieder Fischer. Allerdings begnügt sich der letztere mit der Darstellung und Durchführung der Maßnahmen selbst. Betrachtungen über die wirtschaftliche Tragweite, über die Wirkungen auf Produktion und Verteilung sowie über die Notwendigkeit einer bureaukratischen Mitwirkung finden sich nicht. Wirtschaftliche Gesichtspunkte fehlen überhaupt durchgängig bei der Mehrzahl der einschlägigen Schriften.

Rente selbst abfindet, also ob Vollabfindung des Besitzes oder Individualabfindung der Besitzer. Allerdings dürfte die Tatsache der Besitzübernahme bald auch eine sozialisierte Verwaltung als notwendige Folge nach sich ziehen. Das ergibt sich als Konsequenz. Warum und in welcher Form?

Wenn die verschiedenen privaten Besitztitel, die heute den Betrieb bestimmen, fortfallen, so ist an sich die Möglichkeit eines Zusammenlegens mehrerer Werke gegeben. Denn es hat offenbar keinen Sinn, wenn derselbe Besitzer (Staat) Betriebe von minderer Rentabilität aufrechterhält. Diese könnten und müßten vielmehr stillgelegt werden. Möglicherweise wird ein größerer technischer und wirtschaftlicher Fortschritt damit erzielt werden, daß bei Preisfestsetzung auf jene keine Rücksicht mehr genommen zu werden braucht. Vorausgesetzt natürlich, daß der zentralisierte Betrieb gleich leistungsfähig ist. Allerdings würde die Wirkung auf die Arbeiterverhältnisse für die Übergangszeit genau so ungünstig sein wie bei der Privatindustrie: Proletarisierung von Arbeitern, die durch die Konzentration überflüssig werden, zumal wenn sich die Werke an verschiedenen Orten befinden. Es ist die erneute Schaffung einer industriellen Reservearmee mit all ihren Folgen. Vorwiegend brauche das nur die Übergangszeit zu betreffen, während im übrigen gerade die dadurch erzielte Intensivierung der Betriebe eine Hebung der wirtschaftlichen Kräfte herbeiführen könnte. Beschränkt man sich demnach auf die Überführung des Besitzes unter Beibehaltung der privaten, unternehmungsweisen Verwaltung, so würde das von vornherein auf bloße Sozialisierung der Gewinne hinauslaufen. Nur würde hier im Unterschied von jener ersten Form der Gewinnbeteiligung nicht eine einzelne Arbeitergruppe, sondern tatsächlich die Gesamtheit daran beteiligt. Es würden die Erwerbseinkünfte des Staates dadurch wesentlich vermehrt. Es ist also im Grunde eine besondere Form der Finanz- und Steuerpolitik; vom fiskalischen Standpunkt käme dabei alles auf die Höhe der Entschädigungen an. Man kann sich eventuell auch damit begnügen, die besondere Differentialrente aus Grund und Boden fortzubesteuern bzw. zu „sozialisieren", indem man dadurch eine besonders krasse Form des Renteneinkommens an der Quelle trifft[1]). Das ist die eine Möglichkeit der Vollsozialisierung, die sich aus der bloßen Abtretung des Besitzes als Konsequenz ergibt.

Soll aber gleichzeitig auch mit der Sozialisierung der Verwaltung Ernst gemacht werden, und das scheint mir die notwendige Folge zu sein,

---

[1]) Dies ist der Vorschlag der Minderheit der Sozialisierungskommission, der dort eingehend begründet wird. Vgl. „Vorläufiger Bericht", S. 22f.

so entsteht eine Reihe von weiteren Problemen. Dabei ist es ganz gleich, ob der Staat unmittelbar jene übernimmt, oder ob man eine besondere Kohlengemeinschaft oder ähnliche Körperschaften zu diesem Zwecke ins Leben ruft[1]). Das private Kohlensyndikat bedeutete bei aller straffen Organisation, die ihm bezüglich Umfang der Produktion sowie Preis und Absatz der Waren eigen war, doch Fortbestehen der individuellen Einzelverwaltung jeder Kohlenzeche. Eine sozialisierte Verwaltung bedeutet demgegenüber prinzipiell etwas anderes: eben eine Gemeinschaft aller vorhandenen Betriebe. Nicht anders, wie die einzelnen Betriebsämter der Eisenbahn zwar für sich verrechnen und einer Direktion unterstehen, aber doch im ganzen eine gemeinsame Zentralverwaltung haben. Einen bureaukratischen Apparat, darüber soll man sich nicht täuschen, braucht auch die Kohlengemeinschaft wie jede andere Körperschaft ähnlicher Art in stärkerem Maße als das ehemalige Syndikat.

Was bedeutet nun aber diese Sozialisierung der Verwaltung in Wirklichkeit? Seitens der Arbeiter und Angestellten würde jedenfalls eine stärkere Berücksichtigung i h r e r Interessen gefordert werden. Das stellen sie sich in der Mehrzahl der Fälle als „Sozialisierung" vor, daß sie unmittelbar dabei besser fahren. Begreiflich genug. Rein ideelle Momente sind in der Regel nicht stark genug, um große Bewegungen nach dieser Richtung auszulösen; die Maßnahmen sollen vielmehr schon im gegenwärtigen Leben etwas bringen. Auf den Genuß zu verzichten und nur für die Enkel zu arbeiten, übt geringe Werbekraft aus. Wenn die Verwaltung der sozialisierten Betriebe im übrigen die gleiche bliebe, die Lohnhöhe nicht wesentlich stiege, so haben die Arbeiter und Angestellten unmittelbar kein stärkeres Interesse daran, wer den Mehrwert, d. i. den Überschuß der Preise über die Produktionskosten an sich, einsteckt. Demokratisierung des Betriebes wird ja ohnedies allenthalben vorhanden sein — im vollsozialisierten Betrieb kaum mehr als anderwärts. Die Betriebsräte der sozialisierten Werke würden jedenfalls darauf bestehen, daß der Gewinn in der Hauptsache an die Arbeiter selbst abgeführt wird. Sonst hätten sie ja nur den Herrn gewechselt, eventuell das Mitverwaltungsrecht erweitert; die Ausbeutung der einzelnen Arbeiter bliebe aber dieselbe. Welches war denn der leitende Gedanke der Vollsozialisierung? Das Gewinnstreben sollte fortfallen. Nicht darauf dürfe es ankommen, Überschüsse und Mehrwert für den privaten Besitzer zu schaffen. Wenigstens diese sozialisierten Betriebe müßten lediglich vom gemeinwirtschaftlichen

---

[1]) Vorschlag der Mehrheit der Sozialisierungskommission.

Gesichtspunkt geleitet werden: Überschüsse für das private Kapital erscheinen nicht mehr nötig. Damit entfiele allerdings auch ein Gewinn für den Staat oder die Kohlengemeinschaft. Es würde scheinbar in diesem Gewerbezweig wirklich „Gemeinwirtschaft" herrschen, zumal dann, wenn die Betriebsräte in weitgehendem Maße mitzusprechen hätten. Das allein wird die anderen Arbeiter zur Nachahmung reizen, wenn ihre eigenen Aussichten im ganzen verbessert werden und sie jetzt Herren im eigenen Hause des sozialisierten Gewerbes würden. Das ist die zweite Konsequenz.

Hier aber gilt nun das unter I Gesagte. Es würde nämlich lediglich eine besondere Arbeitergruppe individuell herausgehoben. Diesmal erhielten rund 600000 Bergarbeiter einen etwas höheren Lohn. Die Allgemeinheit aber hätte keineswegs viel davon, wenn eine einzelne Arbeiterkategorie nominell besser gestellt wäre als früher. Im Gegenteil müßten die übrigen wegen Entganges an Steuern und Kapitalbildung seitens der früheren Bergwerksbesitzer nun ihrerseits den Verlust durch Mehrlasten aufbringen. Es bedeutete dies also nur eine Verschiebung des Nominaleinkommens zugunsten der sozialisierten Bergarbeiter, aber zuungunsten der Allgemeinheit. Wir lassen es dahingestellt, ob nicht schon dieses Resultat des Aufsteigens gewisser Arbeitergruppen erwünscht wäre. Vielmehr versuchen wir nur, uns die wirtschaftlichen und sozialen Wirkungen deutlich zu machen. Die Bevorzugung einer einzelnen Arbeitergruppe, und sei sie auch so bedeutsam wie die der Bergarbeiter, denen man eine Besserstellung gewiß wünscht, würde für die Gesamtheit der übrigen direkt ungünstige Folgen haben. Denn es müßte nun der Anteil dieser Gruppe an den allgemeinen Aufwendungen von den übrigen Arbeitern mitgetragen werden. Der Egoismus dieser Gruppe würde einer wirklichen Sozialisierung entgegenstehen, ohne daß dabei jene selbst in ihrem Arbeitslohn sehr gehoben würde. Dazu, das sagten wir vordem, macht die Aufteilung des Mehrwertes unter die Arbeiter dieses Gewerbezweiges im Verhältnis zur Allgemeinheit nicht genug aus. Danach kann also die sozialisierte Verwaltung einzelner Gewerbezweige wie des Kohlenbergbaues keine sehr weittragenden Folgen für die Allgemeinheit haben.

Andererseits kommt bei der Frage der sozialisierten Verwaltung das oft erörterte Problem der Staatsregie in Betracht. Die Anhänger des Systems sehen in der Tatsache eigener öffentlicher Unternehmungen, wie Post, Eisenbahn, Bergwerke, schon einen hinreichenden Beweis für die Zuträglichkeit des Systems[1]). Ebenso sei durch die in vielen Ländern vor-

---

[1]) So Goldscheid, Staatskapitalismus oder Staatssozialismus, der neuerdings zu einer vollständigen Staatsvergottung neigt; sodann Edmund

handenen Monopole auf Tabak, Spiritus und andere Gegenstände erwiesen, daß Staatsverwaltung sehr gut neben der privaten bestehen könne. Meistens wird jedoch von Anhängern der Sozialisierung zugegeben, daß dem nicht so sei: staatliche Verwaltung wirtschafte schlechter, kostspieliger und weniger ertragreich als die private. Man kann sich auch nicht gut damit trösten, daß eine künftige Bureaukratie schon einsichtsvoller und ökonomischer wirken werde. Diese Betrachtung verkennt das Wesen einer selbständigen und das einer bureaukratischen Leitung. Zudem handelt es sich gerade um Gegenwartsprobleme. So ist denn auch die Sozialisierungskommission einstimmig zu dem Ergebnis gelangt[1]): „Jegliche Ausdehnung der staatlichen Betriebe ist unökonomisch und daher abzulehnen." Darum wünscht man eine private Verwaltung beizubehalten: in der Form der „deutschen Kohlengemeinschaft" und anderer wirtschaftlicher Betriebskörper. Das würde auch aus finanziellen Gründen erwünscht sein, vor allem bei einem so wichtigen Gewerbe wie dem Kohlenbergbau.

Will man sich in sozialisierten Betrieben eine Einnahmequelle schaffen, so muß man ihre Ertragsfähigkeit nach Möglichkeit steigern, d. h. man wird gerade das Gewinnstreben, den Profit, zum Angelpunkt dieser Betriebe machen, wenn und weil sie der Allgemeinheit nützlich sein sollen. Mit dem Unterschiede freilich, daß die Nutznießer dieses Gewinnstrebens nicht die individuellen Besitzer, sondern die Gesamtheit ist. Es ist eine Art von „fiskalischem Sozialismus" — eine alte Sache mit neuen Namen.

Hier aber sehe ich einen gewissen Antagonismus, eine ökonomische Antinomie, die durch noch so schöne Worte nicht verdeckt sind. Zwei Möglichkeiten bestehen: entweder bleiben nämlich private Verwaltungsgrundsätze mit bloßer Gewinnbeteiligung des Staates und der Allgemein-

---

Fischer, Das sozialistische Werden, der sich mit der rein formalen Übernahme begnügt. Dazu Eulenburg, Von Staatsregie, Sozialisierung und anderem in „Deutsche Politik", Heft 11—12 (1919). Hué sucht für den Kohlenbergbau die größere Rentabilität der Staatsbetriebe zu erweisen. Er wird aber von dem einstimmigen Votum der Sozialisierungskommission widerlegt.

[1]) Vorläufiger Bericht S. 5. Allerdings kommt noch ein Zusatz: „solange nicht die völlige Loslösung dieser wirtschaftlichen Tätigkeit des Staates von seiner politischen und verwaltungsmäßigen, solange nicht der Bruch mit den bureaukratischen Praktiken in den wirtschaftlichen Betrieben des Staates erfolgt". Der Satz ist reichlich dunkel und unklar, wie sich denn überhaupt der „vorläufige Bericht" keineswegs durch scharfe Formulierung auszeichnet. Offenbar wird das Wesen jeder Bureaukratie verkannt.

heit. Sozialisiert man sozusagen nur den Ertrag, so wird die Beeinflussung seitens der Zentrale immer gering sein. Bestehen bliebe auf diese Weise allerdings die Beweglichkeit, die Selbstverantwortlichkeit und damit auch der Eigenvorteil des Unternehmens. Auf Anpassungsfähigkeit, schnellste Entschlußfähigkeit, Selbsteinsicht, Ausspähen der besten Methoden, Einschlagen neuer Wege beruhte gerade das Wesen der energetischen Unternehmung. Das bedeutet, daß man das Hineinreden der Zentralstelle, das Binden an bestimmte Richtlinien, die Befolgung von obersten Leitsätzen hier nicht brauchen kann. Diese Art „Sozialisierung" schlägt dann ungefähr in das Gegenteil um. Sie ist rein privatwirtschaftlich gerichtet; möglichst ausgedehntes Verwertungsstreben des Kapitals ist ihr Zweck. Höchste ökonomische Leistungsfähigkeit wird bis zu einem gewissen Grade immer einer gemeinwirtschaftlichen Regelung widersprechen. Das ist die eine Möglichkeit sozialisierter Verwaltung.

Oder aber, man wünscht eine bestimmte Richtunggebung (mag sie von einem staatlichen Kohlenamte oder von einem öffentlichen Kohlendirektorium ausgehen): Rücksichtnahme auf die Verbraucher bez. der Preise, Schonung der Kohlenvorräte für die Zukunft, besonders hohe Entlohnung der Arbeiter, entsprechend niedrigere des Direktoriums. Man wünscht auch in den verschiedenen Betrieben Befolgung einheitlicher Grundsätze, man wünscht eine vorgeschriebene und im öffentlichen Interesse gehaltene planmäßige Leitung der Wirtschaft. Dann kann man offenbar Privatverwaltung nicht gebrauchen; die läßt sich nun einmal nach solchen Grundsätzen nicht regeln. Die öffentliche Leitung würde den Kohlenbergbau nicht als privates Gewinnunternehmen, sondern als eine öffentliche Angelegenheit behandeln sollen. Sie setze nicht nur eine Zentralinstanz voraus, sondern auch eine dauernde Kontrolle und Beaufsichtigung, Leitung und Bindung durch eine oberste Wirtschaftsbehörde (Kohlendirektorium) mit öffentlichem Charakter. Das private Syndikat läßt den einzelnen Betrieben trotz allem eine weit größere Freiheit, als eine Kohlengemeinschaft oder gar eine Staatsregie jemals dürfte. Man vergesse doch nicht, daß eine Kohlengemeinschaft, die Arbeiter und Unternehmer zugleich umfaßt, an sich ebenso egoistisch denkt und handelt wie das bisherige Einzelunternehmen. Nur mit dem Unterschied, daß jetzt auch die Arbeiter an dem Gewinst interessiert sind. Mithin dürfte ihre Macht und ihre Profitsucht, die den eigenen Genossen direkt zugute kommt, sich noch weit stärker entwickeln, falls hier nicht von oben eingegriffen würde. Dem müßte nun die sozialisierte Verwaltung entgegensteuern, indem gemeinwirtschaftliche Grundsätze befolgt werden. Dann haben wir aber wieder die alte unökonomische Folge der Staatsregie, der wir gerade entgehen wollten. Das ist die zweite Möglichkeit, die sich aus einer Vollsozialisierung ergibt. Die Dinge haben eben ihre eigene Dialektik, die oft genug mit unseren Absichten wenig übereinstimmt.

Der Kohlenbergbau ist bisher am meisten durchgearbeitet und seine künftige Organisation am besten gesichert. Hier liegt der Gedanke an die Überführung in die Hände der Gesamtheit sehr nahe. Sie hat hier am ehesten Aussicht auf Verwirklichung und läßt sich auch zweifellos am leichtesten durchführen. Dabei scheiden wir die heikle Frage der Trennung des Kohlenbergbaues von anderen zusammenhängenden Betrieben noch ganz aus. Trotzdem besteht gerade hier jenes sehr schwierige Dilemma. Privatverwaltung und Sozialisierung lediglich des Gewinnes bedeutet Beibehaltung des privatwirtschaftlichen Systems auf Kosten der eigenen Arbeiter zugunsten der Volksgesamtheit, bedeutet zugleich aber auch Verzicht auf planmäßige Leitung. Staatsregie andererseits könnte eventuell die eigenen Arbeiter besser stellen, ließe eventuell eine planmäßige Behandlung der Kohlenschätze, ihres Verbrauches, der Preisstellung wie des Absatzes vornehmen: würde aber nach allgemeinem Urteil zugleich sehr unökonomisch sein und wirtschaftlich keinen Fortschritt darstellen. Um eine deutliche Entscheidung handelt es sich dabei: Entweder — oder. Man kann eben nicht gut in Einem das energetische Prinzip des freien Unternehmungsgeistes, das immer ein privatwirtschaftliches Mehrwertstreben in sich tragen wird, wollen und gleichzeitig staatliche Verwaltung mit planmäßiger Bindung fordern. Gemeinwirtschaftliche Verwaltung nach privatwirtschaftlichen Grundsätzen ist nun einmal ein Widerspruch in sich[1]). Wenigstens innerhalb des kapitalistischen Systemes, mit dem wir es zunächst noch zu tun haben. Beides schließt sich *toto coelo* aus. Wenn man bei der praktischen Verwirklichung, wie es wohl der Fall sein mag, ein Kompromiß schließt, so verhindert man gleichzeitig beides.

Am allerwenigsten darf man sich jedoch einbilden, wie es als die Meinung vieler erscheint, von hier aus unser Wirtschaftsleben im ganzen stark beeinflussen zu können. Sogar in der Preisbildung — das wird meist ganz verkannt — würde sich eine Staatsregie wie eine Kohlengemeinschaft im Prinzipe nicht gar so weit von der bisherigen Gepflogen-

---

[1]) Dieser Widerspruch zwischen freier Initiative, individueller Verantwortlichkeit, die man für unerläßlich hält, und den Forderungen der Gemeinwirtschaft, die jene notwendig hemmen muß, besonders deutlich im „Vorläufigen Bericht der Sozialisierungskommission", S. 13.

heit unterscheiden. Das heißt, die Preise müssen einmal auf die Selbstkosten der schwächsten Werke Rücksicht nehmen, wenn diese fortbestehen sollen. Andererseits haben die nationalen Preise auf die Weltmarktpreise zu achten und sich denen anzupassen. Die bloßen Verbraucher pflegen das gerne zu übersehen. Deklamationen, denen man hier besonders häufig begegnet, sind leider keine Gründe. Im ganzen wird der Einfluß der Sozialisierung eines einzelnen Gewerbezweiges, und sei es auch die des Kohlenbergbaues, auf die Gesamtwirtschaft ganz erheblich überschätzt, solange im übrigen das privatwirtschaftliche System weiterbesteht.

Vollsozialisierung reifer Betriebe dürfte ökonomisch nur dann eine Erhöhung der Leistungsfähigkeit und damit des Güterquantums darstellen, wenn gerade das privatwirtschaftliche Gewinnstreben beibehalten wird. Dabei kann freilich der Mehrwert ausgenutzt werden, indem der Überschuß der Gesamtheit anheimfällt. Es ist nur eine besondere Form der Besteuerung. Das Verteilungsproblem selbst wird auf diese Weise der Lösung keinen Schritt näher gebracht. Das Realeinkommen wird davon überhaupt gar nicht betroffen. Will man aber andererseits wirklich eine Besserstellung dieser besonderen Arbeiterkategorien erzielen, so muß man alle weitergehenden Pläne aufgeben: darf weder für die Gesamtheit einen nennenswerten Überschuß erzielen noch eine fortschreitende Ökonomisierung der Betriebe selbst in die Wege leiten.

III. Stärkere Beteiligung der Gesamtheit am Wirtschaftsleben überhaupt: Gemischtwirtschaftliche Unternehmungen.

Aber man braucht bei der Durchführung sich nicht auf einzelne Gewerbezweige und Betriebe zu beschränken. Vielmehr bleibt der Gedanke maßgebend, daß die „Vollsozialisierung" nur den Anfang bedeutet; andere Industrien würden folgen, wenn sie dazu „reif" sind. Wann indessen werden sie das? Das Tempo der Konzentration im Gewerbe vollzieht sich weit langsamer, als Marx ursprünglich annahm. Aber kann man den Prozeß nicht beschleunigen, indem man überhaupt den Anteil des Staates bezüglich der Gemeinden vermehrt? Damit schaffte man eine Form, die als Übergang zur späteren Entwicklung betrachtet werden könnte. Das „Werden der sozialistischen Ordnung" braucht sich nicht auf einem Wege zu vollziehen. Das führt auf den Gedanken einer allgemeinen Beteiligung der Gesamtheit am Wirtschaftsleben überhaupt. Nicht die Arbeitsgemeinschaften der Arbeiter und Unternehmer dürften dabei in Frage kommen: die möchten in der Hauptsache sozialpolitische Fragen ihres Gewerbes behandeln, also Tarifverträge, Lohnstreitigkeiten, Arbeits=

frieden, Durchführung der Schutzgesetzgebung. Wohl aber kann daran gedacht werden, die Zahl der gemischt-wirtschaftlichen Unternehmungen, wie die Reichsbank eine ist, zu vermehren. Im Hintergrund steht die Erwägung, auf diese Weise den Einfluß der **Gemeinwirtschaft** zu stärken. Dem könnte in doppelter Weise Rechnung getragen werden. Einmal durch Realabtretung bestimmter Gewerbezweige und Betriebe, sodann durch Schaffung von Zwangssyndikaten, denen bestimmte Richtlinien gegeben werden.

Der erstere Gedanke ist als finanzielle Maßregel verfochten worden gelegentlich der Vermögensabgabe[1]). Sie soll darin bestehen, daß gewisse Vermögensteile in natura abgetreten werden. Von vornherein würde man mit Vorteil nur solche Betriebe auswählen, die bisher wirtschaftlich rentabel waren; die Auswahl würde auch die Art der Gewerbezweige berücksichtigen. Es ist ein Gedanke, der in ähnlicher Form zuerst bei Louis Blanc sich findet, jetzt aber, wie es scheint, leichter verwirklicht zu werden vermöchte. Dadurch würde das Reich in den Teilbesitz von Betrieben gelangen. Es besteht des ferneren auch die Möglichkeit, einzelne Werke ganz zu erwerben. Eine Enteignung, wie das österreichische Sozialisierungsgesetz sie vorschlägt, vermöchte diesen Weg zu beschleunigen und auf alle mögliche Arten von Betrieben ausgedehnt zu werden. Es könnten ebenso Schuhfabriken wie Eisenwerke, Verkehrsunternehmungen wie Bankgeschäfte auf diese Weise verstaatlicht werden. Man darf sehr wohl von „Staatskapitalismus" sprechen. Der Natur der Sache nach eignen sich nur größere Werke dazu. Dabei kann die Weiterbehandlung verschieden geschehen: am ehesten durch **Anteil am Besitz und Gewinn**, der dadurch der Allgemeinheit zugeführt wird, statt in die Hände der Privatunternehmer zu fließen. Es würde also wesentlich auf eine Reichsreingewinnabgabe hinauslaufen. An dem Unternehmen selbst würde sich wenig ändern. Leiter, Angestellte, Arbeiter würde in derselben Stellung belassen und weiter durch Privatverträge mit dem Unternehmen verbunden bleiben. Nur mit dem Unterschiede, daß das Geschäft für Auftrag und Rechnung des Reiches geführt würde. Es liegt auf der Hand, daß diese Form der Sozialisierung nicht vor bestimmten einzelnen Gewerbebetrieben halt zu machen brauchte, sondern weitergehen kann. Die Wisselsche Denkschrift hatte für die reine Vermögensverwaltung dieses Staatsbesitzes die Einrichtung einer „Vermögensbank" geplant[2]). Man könnte auf diese

---

[1]) So von Jastrow, Gut und Blut fürs Vaterland, 1918; Goldscheid, a. a. O., Denkschrift des Reichswirtschaftsministeriums.

[2]) Siehe Anmerkung 3 auf S. 32.

Weise versuchen, wie es einst L. Blanc dachte, der Privatindustrie Konkurrenz zu machen. Nehmen wir als Beispiel den Erwerb leistungsfähiger Schuhfabriken. Der private Unternehmer würde auch nachdem die Leitung des Unternehmens in Händen haben. Dabei ließe sich die Fabrikation vereinfachen, indem sie auf Massenfabrikation eingestellt würde und den Absatz durch Konsumgenossenschaften oder bestimmte Verkaufsstellen betriebe. Man würde so eine Sozialisierung von der Produktions- und Absatzseite aus in Verbindung mit den Genossenschaften vornehmen. Es würde durchaus die Form eines gemischtwirtschaftlichen Unternehmens sein, wie die Porzellanmanufaktur oder Reichsdruckerei es sind, übertragen auf gewisse größere und umfassendere Produktionszweige. Im Gegensatz zu der reifen Vollsozialisierung würden in erster Linie nicht Produktionsmittelindustrien, sondern vielmehr gerade die der Fertigerzeugnisse Gegenstand der Sozialisierung werden. Jene blieben aber nicht ausgeschlossen. Der Gedanke selbst war in der Wisselschen Denkschrift nicht durchgeführt, da man sich hier auf eine reine Vermögensverwaltung beschränkte. Die Form der Privatunternehmung würde gewahrt sein. Die der Produktivgenossenschaft, die an sich für solche sozialisierten Betriebe naheläge, hat sich bisher zu wenig bewährt, als daß sie dafür groß in Betracht zu ziehen wäre. Wohl aber würde die Verbindung mit Konsumvereinen und Absatzgenossenschaften in Frage kommen. Eventuell könnten diese an der Leitung mitbeteiligt werden und dadurch einen Teil „Gemeinwirtschaft" verwirklichen[1]). Das Gewinnstreben als Stimulans bleibt bestehen. Auch eine bureaukratische Verwaltung wird nicht notwendig werden, da der Betrieb unter Verantwortung der Leiter für Rechnung des Reiches bzw. der beteiligten Genossenschaften geschähe.

Welches würde die volkswirtschaftliche Wirkung sein? Die individuellen Arbeitergruppen würden als Produzenten keine besonderen Vorteile haben. Wir nehmen an, daß das System der Betriebsräte und der konstitutionellen Fabrik sich überall durchsetzte, die Methode der Gewinnbeteiligung aber aus anderen Gründen sich nicht als durchführbar erweise. Insofern würde also keine erhebliche Änderung in den Werken eintreten. Technisch könnte allerdings eine gewisse Vereinfachung erfolgen, indem die Herstellung sich auf gewisse Massenfabrikate spezialisierte. Normalisierung etwa der Schuhe

---

[1]) Charakteristischerweise tritt in der Mehrzahl der Vorschläge der Genossenschaftsgedanke wiederum gänzlich zurück, kaum daß er erwähnt wird. Dafür überwiegt gänzlich der Staat und seine Funktionen. Darüber die Leitsätze von Staudinger in Beck, Wege und Ziele, S. 82. Berücksichtigung findet er dagegen bei Kautsky, Soziale Revolution.

auf wenige Nummern, Typisierung der Formen ließe sich anstreben. Möglicherweise ließen sich durch Stillegung einzelner und Vergrößerung anderer Betriebe wirtschaftlich neue Vorteile wahrnehmen. Zweckmäßige Verteilung der Standorte würde hinzukommen. Es könnte also billig fabriziert werden. Die Produkte würden, weil der Absatz direkt an bestimmte Geschäfte, Konsumvereine und Genossenschaften geschähe, bei gleicher Qualität preiswerter sein. Es würde ein großer Absatz von bestimmtem Umfang gewährleistet werden, der keinem großen Risiko unterläge. Denkbar wäre es immerhin, daß dann andere Betriebe verwandter Art freiwillig ihre Werke an das Reich abträten. Ich mag den Gedanken nicht weiter ausmalen, der ganz im Verfolge einer solchen Vermögensabgabe bestände. Der Gewinn würde natürlich dem Reich bzw. Staate zufallen und eine besondere Einnahmequelle darstellen. Das ist offenbar ein Hauptmotiv für das Vorgehen: den Standpunkt des energetischen Unternehmers mit der Sozialisierung des Gewinnes und der Verbilligung des Absatzes zu verbinden. Zwang würde gänzlich vermieden sein, auch bureaukratische Verwaltung fortfallen, öffentliche Kontrolle nicht nötig werden. Vielmehr wird nur der Gewinn auf der Einnahmeseite des Reichsetats zu buchen sein.

Offenbar kommt es auf den Umfang solcher übernommener Betriebe an, wie groß ihre Bedeutung wird. Die Möglichkeit, auf diese Weise gewisse Industriezweige zu sozialisieren, wenn dabei ein Staatsbetrieb vermieden wird, braucht nicht geleugnet zu werden. Untereinander würden die Werke den Wettbewerb ausschalten, würden den Absatz unter sich verteilen. Allerdings die Produktionsweise müßte und würde im Prinzip rein kapitalistisch sein, nur daß sie für Rechnung des Reiches und der Gemeinschaft geschieht. Es würde an Absatzspesen gespart; auch könnte Vereinfachung der Produktion Platz greifen. Der Gewinn kann möglicherweise den normalen privaten übertreffen und die Produktion trotzdem verbilligt werden. Vom Standpunkt der Gesamtwirtschaft würde das Realeinkommen und der Reallohn der Arbeiter relativ dadurch steigen, daß gewisse Massenprodukte preiswert abgegeben würden. Es ist eine Form der Sozialisierung, die allerdings gewisse Grenzen in sich selbst hat. Es eignen sich nur bestimmte Industriezweige mit einem Massenabsatz, wie Bekleidungsgegenstände, Baumaterialien, Küchengeräte, dazu. In allen Betrieben, die einen ausländischen Absatz haben, würde eine nicht geringe Schwierigkeit bestehen, ebenso dort, wo starke Modeschwankungen des Absatzes vorhanden sind. Noch eines ist dabei zu bemerken und für die Zukunft im Auge zu halten: die völlige Übernahme eines ganzen Gewerbezweiges durch das Reich würde auf diese Weise nur sehr langsam vonstatten gehen, solange die Privatindustrie daneben besteht und neue Geschäfte sich gründen können. Die entstehende Konkurrenz ist die Achillesferse des Vorgehens, falls man nicht die Neugründungen solcher Gewerbebetriebe konzessionspflichtig machen will. Offenbar kommt gerade hier alles auf die energetische Leitung an. Sie müßte genau so wie bei der privaten Unternehmung stark am Gewinn beteiligt sein, ohne doch dabei den Arbeitern höhere Löhne gewähren zu können. Vollends eine einheitliche Organisation des ganzen Gewerbezweiges würde dadurch nicht erreicht werden, da eben nur einzelne Betriebe der Sozialisierung unterliegen. Immerhin scheint mir auf diesem Wege noch manches durchführbar zu sein, was eines weiteren Durchdenkens bedarf.

Die Form der gemischtwirtschaftlichen Unternehmung läßt sich aber auch auf ganz andere Weise erreichen, nämlich in Anknüpfung an die schon vorhandenen Syndikate. Freilich wäre Bedingung dafür, daß sie überall dort, wo ihre Bildung hinreichend fortgeschritten ist, einen Zwangscharakter erhielten. Nur dann können ihnen auch öffentlich=rechtliche Funktionen zugewiesen werden. Es leuchtet von vornherein ein, daß keineswegs in sämtlichen Gewerbezweigen sich solche Zwangssyndikate durchführen ließen, sondern vorwiegend nur in denen der Halbfabrikate und Rohstoffe, während die fertige Industrie dafür sich nicht eignet. Versuchte man anders vorzugehen, so würde man die schwersten Enttäuschungen erleben. Der privatwirtschaftliche Charakter der Syndikate und der ihnen angeschlossenen Betriebe würde jedenfalls durchaus bestehen bleiben. Ebenso jedenfalls auch die Isoliertheit der einzelnen Syndikate, die nur für ihr eigenes Gewerbe zu wirken hätten. Ein Kartellamt würde freilich die Überwachung des Ganzen vornehmen und ein einvernehmliches Handeln in die Wege leiten. Allerdings ist durch diesen Zwangscharakter, den die Kartelle wohl oder übel erhalten müßten, eine wesentliche Änderung ihrer Struktur zu gewärtigen. Wir heben einige Punkte hervor.

Einmal würden ihre bisherige Selbstregulierung und Anpassungsfähigkeit an die geänderten Verhältnisse, denen mit Ablauf des Kartellvertrages immer von neuem Rechnung getragen wird, dadurch sehr leicht erstarren. Es hat schon seinen guten Sinn, daß die Kartelle nur auf eine Reihe von Jahren abgeschlossen und dann erneuert werden. Voraussichtlich würde den Zwangssyndikaten das selektorische Element ganz abgehen, das ihnen jetzt noch eigen ist. Die kleineren und schwächeren Werke erhalten ohnedies durch das Kartell einen besonderen Schutz. Wenn sie nun sogar „zwangsweise" angeschlossen sind, würde ihre Erhaltung ein Stück Kartellpolitik werden. Sie würden stärker als bisher Preise und Produktion bestimmen. Das müßte gerade dann der Fall sein, wenn die Arbeiter ein Mitbestimmungsrecht bekämen. Denn natürlich wollen jene ebenfalls erhalten werden. Den konservativen Charakter jeder solchen Zwangsorganisation dürfen wir nicht verkennen. Ich glaube, man übersieht allgemein zu sehr, daß das Mitbestimmungsrecht der Arbeiter künftig ein stark **konservatives Element im Gewerbe darstellen wird**. Natürlich ist jede Stillegung bzw. Betriebsänderung mit großen Ungelegenheiten für die betroffene Arbeitergruppe verbunden: bei dem starken Solidaritätsgefühl der Arbeiter würde das nach Möglichkeit verhindert werden. **Der Arbeiter ist in allen Fragen der Wirtschaft sicherlich sehr wenig revolutionär.** Der einzelne Unternehmer steht in dieser Beziehung viel freier als der zwangsweise sozialisierte. Es ist schwer vorstellbar, daß von dem Rechte der Stillegung, des Ankaufes, des Aufsaugens durch andere Betriebe dann noch viel Gebrauch gemacht werden sollte, selbst wenn den Kartellen die Befugnis dazu eingeräumt wird. In diesem konservativ-antiselektorischen Momente scheint mir eine nicht geringe Gefahr der Zwangssyndizierung für den industriellen Fortschritt zu liegen.

Sodann würden die Zwangssyndikate künftig einen maßgebenden Einfluß auf die Schutzzölle ausüben, um die Preise hochzuhalten. Es würden ihnen gewisse Preisfestsetzungen garantiert werden, und dafür würde dem Reiche ein Anteil am Kartellgewinn zufließen[1]). Gerade darum, weil der Kartellgewinn zum größten Teil sozialisiert und an die Gemeinschaft abgeführt wird, würde aus finanziellen Gründen der Staat an dessen Höhe interessiert sein: **Gewinn um jeden Preis, aber zum Besten der Volksgesamtheit.** Mit Notwendigkeit erhalten dadurch alle Probleme einen stark finanziellen Anstrich. Eine weitere Schwierigkeit besteht darin, daß die Kartelle selten den ganzen Betrieb beherrschen, sondern stets nur einzelne Produkte. Man scheint vielfach zu übersehen, daß nur sehr wenige Kartelle wirkliche Betriebskartelle darstellen, sondern meist nur Waren- und Verkehrskartelle sind. Sie berühren die Produktion nicht kartellierter Waren desselben Betriebes gar nicht. Das bekannteste Beispiel ist die Kartellierung der A-Produkte im Stahlwerksverband, der die übrige Erzeugung derselben Werke unbeeinflußt läßt. Dasselbe gilt aber auch von der Mehrzahl der andern Syndikate. Man muß sich nicht immer die Steinkohle zum Muster nehmen, wo die Sache anders liegt. Darum ließe im allgemeinen auch ein Zwangssyndikat

---

[1]) So der Vorschlag des schlesischen Großindustriellen Caro in mehreren Denkschriften. Der Gedanke liegt aber auf dem Wege des Zwangssyndikates überhaupt.

für die übrige Produktion dem Leiter noch eine große Bewegungsfreiheit und Ausdehnungsmöglichkeit, weil nur ein gewisser Teil des Betriebes von den Kartellen wirklich erfaßt wird. Dadurch aber müßte eine Regelung der Gesamtproduktion sehr erheblich erschwert werden.

Die Zwangssyndikate vermöchten andererseits durch Absatzorganisation in stärkerem Maße als bisher den Handel zu ersetzen oder von sich abhängig zu machen. Wieweit dadurch eine wirkliche Ersparnis an unproduktiven Aufwendungen herbeigeführt wird, kann nicht allgemein bestimmt werden. Ebensowenig der Einfluß auf den Aus- und Einfuhrhandel der kartellierten Gewerbe. Auch hier dürfen wir nicht, wie es so leicht geschieht, die mit jeder Organisation verbundene Bureaukratisierung, die unproduktive Kosten verursacht, übersehen. Der Außenhandel wird sich kaum syndizieren lassen, da hier alles auf die Initiative des Kaufmanns ankommt. Doch könnte eventuell ebenso wie beim inneren Absatz möglicherweise das eine oder andere Glied gespart werden. Die Funktionen des Handels selbst müssen freilich erfüllt und ihre Kosten getragen werden. Ferner könnten die Syndikate durch Normalisierung und Typisierung die Erzeugnisse in weitem Maße vereinheitlichen. Es könnte bei Erneuerung der Kartellverträge auf die Innehaltung gewisser Mindestleistungen hingewirkt werden und dadurch eine Erhöhung der Produktion eintreten. Wahrscheinlich ist das freilich nicht. Das Bedenken bleibt vielmehr immer bestehen, daß durch sie die zufällig vorhandenen Werke eine Verewigung erfahren, daß Sozialisierung gerade vom Standpunkt der beteiligten Arbeiter als Erhaltung ihrer Stellung aufgefaßt wird. Weiter erlangen Staat und Allgemeinheit durch ihre Beteiligung notwendigerweise ein Interesse am Gewinnstreben und Plusmacherei. Man wird kaum die finanzielle Tragweite von der wirtschaftlichen ganz trennen können. Es ist stets mit Gegenwartsaufgaben zu rechnen, so daß bei einer halböffentlichen Verwaltung niemals sehr radikal vorgegangen werden kann. Vielmehr wird das kapitalistische System nunmehr ein Glied der Volksgesamtheit und der Arbeiterschaft selbst.

Die Sozialisierung würde nur darin bestehen, daß das Reich bzw. das Kartelldirektorium, in dem natürlich Arbeiter und Angestellte vertreten sein müßten, ein Mitbestimmungsrecht über die Erzeugung erhält: also bei der Preisnormierung, bei Bestimmung des Umfanges der Produktion, der Absatzregelung, der Schaffung eigener Absatzorgane. Die sozialpolitische Seite würde durch Mitwirkung der Arbeiter und Angestellten gewahrt werden, das Interesse der Allgemeinheit durch Anteil am Gewinn und durch billigen Absatz gewisser Erzeugnisse an ärmere Bevölkerungsschichten.

Diese Zwangssyndikate lassen das Verteilungsproblem wiederum ganz unbeeinflußt. Die Gewinnbeteiligung des Reiches ist keine solche Lösung. Auch auf das Gesamterträgnis der Volkswirtschaft würde dadurch kaum sehr erheblicher Einfluß ausgeübt werden — gerade wegen ihres Zwangscharakters. Wenn sie den Wettbewerb auf ihrem Gebiete ausschalten, so mögen manche seiner Nachteile verschwinden. Andererseits hemmen sie aber aber auch dessen Vorzüge. Es fragt sich vom Gesamtstandpunkt aus, welches von beiden überwiegt.

Deutlich ist endlich, daß die Zwangssyndikate leicht einen Übergang bilden zur „Vollsozialisierung", deren Tragweite wir vordem auseinandersetzten. Nur würden sie sich im Unterschied von jenen „reifen" Betrieben jetzt auf weit mehr Gewerbezweige erstrecken. Bisher ist man über die Aufstellung von Forderungen noch nicht weit hinausgekommen, ohne konkrete Vorschläge zu machen, vor allem ohne den inneren Zusammenhang der Erscheinungen zu klären. Der wirkliche Einfluß dieser gemischtwirtschaftlichen Unternehmungen auf die Umgestaltung der Gesellschaft darf indes nicht überschätzt werden: ihre eigene Wirksamkeit ist vom Standpunkt der Gütererzeugung zwiespältig und, wie wir sahen, voll innerer Widersprüche. Eine Lösung bringen sie offenbar nicht.

Immerhin bedeuten sie einen Schritt auf dem Wege zur „Organisation der Volkswirtschaft", die bei den anderen Formen der Sozialisierung kaum in Frage kam. Sie erhält das privatwirtschaftliche System aufrecht, um es stärker mit dem Interesse des Volkes und der Allgemeinheit zu verbinden. Aber auch wenn dem Kapital der private Erwerbscharakter entzogen wird, bleibt doch das Verwertungsstreben der Produktivmittel selbst bestehen, das notwendig „kapitalistische" Konsequenzen nach sich zieht.

IV. Änderungen der Wirtschaftsverfassung durch planmäßige Leitung des Ganzen: Gemeinwirtschaft.

Die bisherigen Wege der Sozialisierung liefen darauf hinaus: entweder einzelnen Arbeitergruppen einen größeren Nominalertrag vom Reingewinn zu gewähren, oder den Einfluß der Arbeiter auf die Betriebsleitung zu stärken und sie mitverantwortlich zu machen, oder den Staat in größeren Besitz von Vermögen zu setzen, oder endlich einen Einfluß der Allgemeinheit auf einzelne Produktionsvorgänge zu gewährleisten. Es blieb bei alledem zweifelhaft, wieweit dadurch die Hauptsache, nämlich die Hebung der produktiven Kräfte, in nennenswertem Umfange erreicht wird. Alle jene Maßnahmen lassen nicht nur die ganze Eigentumsordnung grundsätzlich unberührt, sondern im wesentlichen auch die Leitung des

Produktionsprozesses selbst. Ebenso bleibt die ganze Organisation der Volkswirtschaft, die wesentlich auf **Selbststeuerung** eingestellt ist, in bisheriger Weise bestehen. Gerade auch die Übernahme schon „reifer" Unternehmungen und Gewerbezweige schließt eigentlich eine größere Umstellung der Wirtschaft aus. Wenn nur solche Industriezweige vom Staate übernommen werden, die ohnedies schon eine weitgehende Konzentration oder ein natürliches Monopol bzw. eine mehr oder weniger vollständige Vertrustung besitzen, so besagt dies: die Entwicklung selbst wird völlig den immanenten Kräften der Wirtschaft überlassen. Es wird damit im Grunde ein passiver Standpunkt eingenommen. Man vermeidet, von Gemeinschafts wegen aus eine Neuorganisation vorzunehmen. Wo die gesellschaftlichen Kräfte die Entwicklung zum Großbetrieb und die Konzentration nicht herbeigeführt haben, da ist offenbar noch nicht jenes Stadium erreicht, von dem Marx spricht: „Neue höhere Produktionsverhältnisse treten nie an die Stelle, bevor die materiellen Existenzbedingungen derselben im Schoße der alten Gesellschaft selbst ausgebaut sind." Gerade die Überführung ohnedies reifer Gewerbezweige in die Hände der Gesellschaft läßt den Aufbau der Volkswirtschaft im ganzen unverändert. Die gegenteilige Meinung erscheint durchaus unbegründet. Es bedeutet eine gewisse Verlegenheit, wenn man sich auf diese „reifen" Betriebe beschränkt, alle andern aber sich selbst überlassen will. Es spricht sich ein deutliches Mißtrauen darin aus, als wenn die Gesamtheit von sich aus willkürlich den Entwicklungsprozeß zu beschleunigen oder auch nur eindeutig zu regeln und bewußt zu beeinflussen vermöchte. Nur das von uns so bezeichnete dritte Stadium der Übernahme aller möglichen Betriebe durch den Staat oder die Schaffung von Zwangssyndikaten könnte eine teilweise Durchbrechung dieses Grundsatzes der Passivität gegenüber der Entwicklung darstellen: aber doch auch nur in beschränktem Maße. Alles das bedeutet noch keine Gesamtorganisation der Volkswirtschaft.

Hierin scheint sich nun eine grundsätzlich andere Auffassung anzubahnen. Dazu führt **einmal** die allgemeine Höherwertung der Staatstätigkeit überhaupt, die mehr merkantilistische Denkweise der Wirtschaftspolitiker schon vor dem Kriege. Ebenso kommt die zunehmende Rationalisierung unseres Denkens dem stark entgegen. Vernunft scheint auch „vernünftige" Leitung der Wirtschaft vorauszusetzen und das Unvernünftige ausschalten zu müssen. **Andererseits** hatte aber der Krieg auch tatsächlich eine weit ausgedehnte Umstellung vorgenommen und der Wirtschaft einen zwangsläufigen Charakter verliehen. Es liegt daher nahe, die alte Entwicklung überhaupt für abgeschlossen zu halten und an den neuen Zuständen als einem Seienden anzuknüpfen. Allerdings wird der Umstand dabei leicht übersehen, daß der Friedenszustand schon durch den freien Verkehr mit dem Auslande und durch die zunehmende Mannigfaltigkeit der Bedürfnisse anders gekennzeichnet ist[1]). Die Kriegswirtschaft war nur auf das eine Ziel des Durchhaltens eingestellt, das nunmehr ganz fortfällt. Gleichwohl wirkt die ganze Denkweise fort. Endlich hat durch die Anteilnahme der Arbeiterklasse an der Regierung der Staat selbst ein anderes Gepräge erhalten. Aus dem Obrigkeitsstaat wird der Volksstaat. Darum kann versucht werden, die Wirtschaft im Interesse der Gesamtheit nach bestimmter Richtung mehr zu überwachen. Die breite Masse wird immer für eine solche stärkere Beeinflussung des Lebens durch den Staat zu haben sein, wie das schon Lassalle betont hatte. So treffen sich mehrere Motive in dem gleichen Gedanken zunehmender Staatstätigkeit und planmäßiger Regelung der Wirtschaft. Trotzdem besteht ein theoretischer Widerspruch zwischen jener autonomen Entwicklung der gesellschaftlichen Verhältnisse und der bewußten Richtungsgebung durch Staats- und Volkswillen.

Die Überführung reifer Betriebe in die Hand des Reiches und der Gesellschaft bedeutet noch keine bewußt planmäßige Leitung der ganzen Volkswirtschaft. Man wird auf diese Weise voraussichtlich noch Generationen brauchen, bis neue Gewerbezweige „reif" werden. Jene würde beispielsweise die gesamte Stoffverwertung wie die Arbeitsmethoden, die Verteilung der Betriebe wie das Verhältnis zur Ausfuhr im ganzen ziemlich unbeeinflußt lassen. Am allerwenigsten vermöchte sie weitgehendere Folgen für eine einheitliche Leitung der Volkswirtschaft zu zeitigen. Das gilt selbst von der Kohlenwirtschaft, deren Bedeutung nach dieser Richtung wesentlich überschätzt wird. Wo soll dieser Einfluß auch herstammen? Sogar die staatliche Preisbeeinflussung dürfte wegen der Internationalität des Kohlenhandels kaum von der bisherigen nationalen Preisbildung sich wesentlich unterscheiden. Noch weniger würde das bei anderen Produkten der Fall sein. Versicherungswesen und Hypothekenbanken würden wohl eine nennenswerte Änderung ihrer Form erfahren; auch beim Kalibergbau würde eine wesentliche Umstellung eintreten. Doch scheinen mir alle drei von keiner grundstürzenden Neuerung für das Ganze der Volkswirtschaft zu sein. Auch die Verstaatlichung bzw. Kommunalisierung der Forsten und Wälder sowie die Übernahme der Stickstoffverwertung würden noch keine planmäßige Wirtschaft bedeuten. Ebenso wenig würden von hier aus

---

[1]) Richtig die Ausführungen von Kautsky in den Sozialdemokratischen Bemerkungen.

tatsächlich die übrigen Teile des Wirtschaftslebens stärker beeinflußt werden. Eher ist das Gegenteil zu vermuten, daß nämlich jene Betriebe sich grundsätzlich gar nicht vom privatwirtschaftlichen System unterscheiden! Größer dürfte allerdings der Einfluß der staatlichen Krafterzeugung und der Sozialisierung der elektrischen Wirtschaft werden, wie sie jetzt bei uns verwirklicht werden soll. Die Kraftversorgung würde aber auch ohnedies eine bedeutsame Neugestaltung herbeiführen[1]).

Es ist notwendig, sich diese Konsequenzen klarzumachen und vor einer Überschätzung der bisherigen Stufen der Sozialisierung für die Allgemeinheit bringendst zu warnen. Man mag solche sozialisierten Betriebe als „Gemeinwirtschaft" bezeichnen und in ihnen einen neuen Geist sehen. Der Erfolg würde tatsächlich entweder nur einer besonderen Arbeitergruppe zugute kommen oder auf eine besondere Form öffentlicher Erwerbseinkünfte hinauslaufen. Auch der „Geist" wird kaum ein anderer werden. Dazu bedarf es eines langsamen Umbildungsprozesses; mit einer plötzlichen Sinnesänderung ist es nicht getan. Anders würde zum Teil wohl nur der Weg der Zwangssyndikate wirken. Aber doch eben nur zum Teil. Demgegenüber kann man nun ernsthaft versuchen, eine wirkliche Leitung der Wirtschaft anzustreben und damit das Produktionsproblem an der Wurzel anzugreifen. Das erscheint dann allerdings geeignet, wirklich die produktiven Kräfte günstig zu beeinflussen: um aus der scheinbar planlosen eine fest vorgeschriebene und nach vernünftigen Grundsätzen geleitete Wirtschaft zu schaffen. Es ist der Weg der Rationalisierung nicht nur im einzelnen Betriebe, sondern in der ganzen Wirtschaftsführung: möglichst Ausschaltung des Zufalls und dafür bewußte Durchorganisierung.

Der Gedanke der planmäßigen Wirtschaftsführung betrifft nicht das Verteilungsproblem, auch nicht das der sozialen Macht, sondern das Produktionsproblem. Es bedeutet den Versuch, die Wirtschaft als Gesamtprozeß selbst zu regeln. Bisher hatte der Gedanke immer nur in utopischen Schilderungen oder in sozialistischen Parteiprogrammen ein Dasein geführt. Selbst der Merkantilismus, der eine regelnde Wirtschaftspolitik befolgte, unterstützte gerade die private Initiative, wenn er auch im einzelnen die Produktion vorzuschreiben suchte. Von vornherein wird bei einer einheitlichen Leitung durch den modernen Volksstaat die Arbeiterschaft in entscheidender Weise mitzusprechen haben. Freilich würde eine solche Verwaltung einseitig die Produzenteninteressen zum Ausdruck bringen.

---

[1]) Der Entwurf der elektrischen Wirtschaft ist freilich von einer stärkeren Sozialisierung weit entfernt, da nur die Höchstkraftwerke erfaßt werden.

Es müßten darum auch die Verbraucher sowie unabhängige Personen (die „Wissenschaft") in der Leitung mit vertreten sein. Dies fordert auch zum Beispiel Kautsky aus der richtigen Erkenntnis heraus, daß bloße Arbeiterinteressen noch keineswegs mit den Interessen der Gesamtheit zusammenfallen[1]). Ihren Ausdruck hat der Versuch einer Planwirtschaft in der bekannten Wissellschen Denkschrift gefunden. Wir stellen hier den Grundgedanken einer **planmäßigen Gesamtorganisation** unabhängig von der dort vorgetragenen zufälligen Form dar.

Soweit ich sehe, sind zwei Wege zur planmäßigen Regelung der Wirtschaft an sich denkbar und bisher vorgeschlagen worden. Der eine ist vorgeschrittener Staatssozialismus, d. h. die Leitung der ganzen Wirtschaft geht von einer einzigen Zentralstelle aus[2]). Sie bestimmt mit einem riesigen Apparat von Statistiken (Universalstatistik Neuraths) den Bedarf und verteilt danach einheitlich die Aufträge an die einzelnen Betriebe, die die Erzeugnisse dann an bestimmte Geschäftsstellen abzuliefern oder unmittelbar an die Verarbeiter weiterzugeben hätten. Dieser Weg scheidet aber wegen seiner Undurchführbarkeit von vornherein aus. Es ist reine Utopie und Phantastik und enthält keine brauchbaren Vorschläge. Das sächsische Sozialisierungsprogramm ist wohl nicht ernst zu nehmen, wenn es auch den Anspruch unmittelbarer Verwirklichung erhebt. Der andere Weg bedient sich bestimmter, schon vorhandener Organisationen oder sucht das Ziel durch Schaffung neuer Wirtschaftkörper zu erreichen, mögen es nun allgemeine Zwangssyndikate, mögen es Selbstverwaltungskörper der Industrie sein. Es sind Vermittlungsorgane, um zielbewußt „**die Volkswirtschaft zugunsten der Volksgemeinschaft zu betreiben und gesellschaftlich zu kontrollieren**"[3]). Die Leitung müßte — das unterscheidet diese Form der Sozialisierung grundsätzlich von der vorangehenden — die Gütererzeugung selbst mindestens überwachen und damit das Ganze der Volkswirtschaft zu beeinflussen versuchen. Es würde also eine neue Wirtschaftsverfassung sein, der notwendig auch ein anderer Inhalt eignet. Da die feineren Ausführungen im einzelnen nicht Gegenstand dieser vorläufigen Erörterungen sein können, so werden wir uns auf einige Punkte beschränken.

---

[1]) Kautsky, Kriegsmarxismus; sodann Referat auf dem Kongreß der Arbeiterräte; vordem schon in der „Sozialen Revolution".

[2]) Dies das sächsische Sozialisierungsprogramm von Neurath-Kranold-Schumann, das der erstere dann in Bayern durchzusetzen versuchte.

[3]) So die Denkschrift des Reichswirtschaftsministeriums, S. 181; abgedruckt in „Plutus" Nr. 23 u. 24 vom 4. Juni 1919.

Es besteht zunächst ein Unterschied, ob eine Wirtschaftsverfassung organisch wächst und sich entwickelt, wie es bisher in aller Geschichte der Fall gewesen ist, oder ob künstlich ein solches Gebilde gemacht und bewußt geschaffen wird[1]. Gerade die Geschichte der Kartelle und Syndikate ist in dieser Beziehung sehr lehrreich. Wie sie erst langsam gleichsam tastend sich bilden, allmählich feste Formen annehmen, bis dann schließlich ein so festes Gebilde wie das Kohlensyndikat hervorgeht. Auch dieses ist noch keineswegs abgeschlossen, sondern bildet sich dauernd um. Andere Kartelle haben überhaupt gar nicht annähernd diese feste Form erhalten und werden auch in der Weiterentwicklung schwerlich jemals dazu gelangen. Das gleiche war ehedem bei den Zünften der Fall, die keineswegs als fertige Bildungen erschienen, sondern dauernd in Umbildung begriffen waren, bis sie dann verknöcherten. Es ist ein erheblicher Unterschied, ob man zwangsweise solche Organe neu schafft, nach denen sich das Leben richten soll, oder ob diese aus dem Leben selbst sich gebildet haben und mit diesem dauernd eine Veränderung erleiden. Solchen künstlichen Bildungen geht von vornherein nur zu leicht die Anpassungsfähigkeit ab, gerade weil sie bewußterweise geschaffen sind. Sie verfallen einer **Organisationsstarre** um so eher, je feiner sie ausgedacht waren. Der dialektische Prozeß macht vor bewußt geschaffenen Organisationen keineswegs halt; es gibt auch hier eine Heteronomie der Zwecke. Der „Kapitalismus" war jedenfalls nicht gemacht, nicht aufgebaut und geschaffen, sondern war gewachsen und organisch geworden.

Doch dies sei, wie es wolle. Wir betrachten die einzelnen Maßnahmen, die eine solche Gesamtorganisation schaffen könnte, und lassen es dahingestellt, ob die Neuordnung der Wirtschaft durch Zwangssyndikate, durch Selbstverwaltungskörper oder durch ein zentralistisches Wirtschaftsamt verwirklicht wird. Das Wesentliche ist, daß auch die gedachte Organisation an das Bestehende anknüpft und nur dieses in allen seinen Teilen planmäßig zu regeln unternimmt. Wir betrachten die Aufgabe, die sich eine solche planmäßige Wirtschaftsführung logischerweise stellen kann, daraufhin: ob die produktiven Kräfte und die Gütererzeugung dadurch **dauernd gehoben** werden, ob andererseits den Arbeitern wie der

---

[1] Die philosophische Frage, ob wir aus einem Zustande mehr unbewußten Schaffens in einen solchen des bewußt schaffenden Geistes gelangen, scheidet hier aus. Es ist offenbar der neu erwachende Einfluß Hegels, der das Schwergewicht wieder nach der Seite der Bewußtheit verschiebt, und der sich durch Marx und das sozialdemokratische Programm auf die Politik überträgt. Die notwendige Entwicklung der Willensrichtung zu einer „bewußten" zu machen, wird im Erfurter Programm geradezu als politische Aufgabe betrachtet.

Gesamtheit ein größerer Anteil am Realertrag zuteil wird. Dabei lassen wir es ausdrücklich dahingestellt sein, ob nicht der materielle Nachteil durch andere immaterielle Werte (Selbständigkeit, Mitbestimmung, Selbstverantwortlichkeit) aufgewogen werden kann. Wir haben es nur mit der ökonomischen Seite des Problems zu tun. Vier Aufgaben könnte eine planmäßige Wirtschaft sich stellen:

a) Verteilung der Rohstoffe und Herstellung der Güter nach Dringlichkeit des Bedarfs;
b) Regelung des Absatzes im Inlande und eventuell des Außenhandels;
c) Einfluß auf die Preisbildung;
d) Stillegung und Konzentration der Betriebe, sowie technische Verbesserungen.

Es besteht Einmütigkeit darin, daß nicht der Staat selbst die ganze Wirtschaft in die Hand nimmt und durch Beamte betreiben läßt. Soweit nicht Vollsozialisierung einzelner Gewerbe oder die Einrichtung gemischtwirtschaftlicher Betriebe vorgenommen wird, bliebe das privatwirtschaftliche System in weitestem Umfange bestehen. Man spricht wohl von „Gemeinwirtschaft" und versteht darunter „die zugunsten der Volksgemeinschaft planmäßig betriebene und gesellschaftlich kontrollierte Volkswirtschaft"[1]). Wir behandeln die einzelnen Teilprobleme, ohne uns über die Art der Durchführung und Realisierung im einzelnen den Kopf zu zerbrechen, obwohl gerade sie schwer genug sein dürfte.

a) **Verteilung der Rohstoffe sowie Herstellung der Güter nach Dringlichkeit des Bedarfes.** Solange Rohstoffknappheit besteht, liegt es im Interesse des Volkes, auch die kleineren Betriebe über das ganze Land hin zu erhalten, weil sonst eine Stauung der Bevölkerung an wenigen Stellen die Folge sein würde. Diese **vorübergehende** Zuteilung der Rohstoffe geschieht wesentlich deshalb, um nicht einigen kapitalkräftigen Betrieben allein die Versorgung zu gewährleisten. Ein Verteilungsschlüssel nach der bestehenden Kapazität der einzelnen Betriebe für jedes Gewerbe würde sich ohne große Organisation aufstellen lassen[2]). Etwas anders wäre aber naturgemäß die **dauernde**

---

[1]) Wörtlich die Denkschrift des Reichswirtschaftsministeriums, S. 181.
[2]) In der Tagesliteratur scheint ganz übersehen zu sein, daß die alte Kommission für die Übergangswirtschaft einen solchen Schlüssel ausgearbeitet hatte. Der Bezug der Rohstoffe sollte an sich freistehen, aber die Zuteilung nur quotenweise nach der Höhe der Gesamteinfuhr geschehen. Wenn diese zunahm, würde auch automatisch der Anteil und das Bezugsrecht jedes einzelnen Empfängers zunehmen.

Zuteilung der Rohstoffe nach der Dringlichkeit des Bedarfes. Damit soll die Richtung der Produktion überhaupt vorgeschrieben werden. Ich halte das im Grunde allerdings für eine ziemlich unüberlegte Redensart, der recht wenig Anschaulichkeit entspricht. Die „Dringlichkeit des Bedarfes" im ganzen läßt sich von vornherein nicht einfach bestimmen. Jene hängt in erster Linie ab von der Einkommensgestaltung und der Kaufkraft der Bevölkerung, sodann aber von der Ausfuhrmöglichkeit. Die letztere besteht häufig genug gerade in weniger dringenden Bedarfsartikeln des Luxus und der Qualitätswaren. Eine solche Ausfuhr ist für die ganze Volkswirtschaft weit vorteilhafter als die von Massenwaren. Es gibt eben auch einen nationalen Mehrwert. Spitzen und kostbare Pelze für die Ausfuhr herzustellen, dürfte einen größeren nationalen Mehrwert ergeben als die Ausfuhr von Kohlen und Halbzeug. Andererseits kann schwerlich die vorhandene nationale Industrie allein auf die dringlichen Bedürfnisse eingerichtet werden, weil das eine vollständige Umstellung der vorhandenen Betriebe bedeuten würde. Man wird also auch die Herstellung von Erzeugnissen gestatten müssen, die vom Standpunkt des Inlandskonsums nicht absolut dringend erscheinen. Gardinenfabrikation, obwohl sie weniger dringend ist als die von Hemden, müßte berücksichtigt werden, ebenso die Erzeugung von feinen Metallwaren, obwohl Küchengeräte dringender sind. Sonst stiftet man eine kolossale Verwirrung und Entwertung von festgelegtem Kapital, das man später doch wieder braucht. Nur eine andere Einkommensverteilung und eine Besteuerung der höheren Bezüge kann hier einwirken und eine allmähige Umstellung auf den Massenbedarf hervorbringen. „Planmäßig" läßt sich sehr wenig auf diese Weise erreichen.

Andererseits aber überschätzt man allzugern die Bedeutung des nicht dringenden Bedarfes und des Luxuskonsums ganz erheblich. Es bestehen im allgemeinen ganz phantastische Vorstellungen darüber, was wunders für Bedeutung der Luxuskonsum erlangt hat[1]. Es liegt das daran, daß er es ist, der in den Schaufenstern vor allem zur Geltung kommt, und daß seine Zurschaustellung aufreizend wirkt. In Wirklichkeit macht er aber im Verhältnis zur nationalen Produktion einen geradezu verschwindenden Bruchteil aus. Ein Fortfall dieses würde tatsächlich nur sehr wenig produktive Kräfte freisetzen. Dasselbe gilt übrigens auch für die Reklame: ob darauf über ein Prozent unserer Produktion entfällt? Es ist zu bezweifeln, wenn auch genauere Angaben bisher fehlen. Für die allgemeine Massenherstellung würde durch beides nur wenig mehr an Produk-

---

[1] Besonders krass in den Schriften von Walter Rathenau.

tionsmöglichkeiten gewonnen. Das ergibt sich schon aus den früheren Erwägungen, die wir über den Mehrwert anstellten. Wenn im Verhältnis zum Arbeitslohn der Teil des Mehrwertes, der von der besitzenden Klasse wirklich konsumiert wird, nur einen so kleinen Bruchteil ausmacht, so kann auch die Umstellung der Erzeugung auf den dringlichen Bedarf keine so erheblichen Mehrprodukte für die Gesamtheit liefern. Aus dieser Umstellung allein dürfte keine nennenswerte Erhöhung des Güteranteiles herauskommen. Abgesehen von der Schwierigkeit der wirklichen Feststellung dessen, was dringlich ist, abgesehen von der Unmöglichkeit, Produktion für Inland und für Ausfuhr zu trennen, ist auch das Realergebnis einer Umstellung der nationalen Produktion unter heutigen Verhältnissen nicht beträchtlich genug. Es erweckt den Anschein einer wunder wie großen Neugestaltung, ist es aber nicht.

b) Zu zweit käme Regelung des Absatzes unter Ausschaltung „unnützer Zwischenglieder" in Betracht; sodann Regelung der Ein- und Ausfuhr, die bisher scheinbar ganz zufällig und willkürlich erfolgte. Hier scheint am ehesten anstatt der planlosen Wirtschaft eine vorgeschriebene Regulierung einsetzen zu können. Die Übersetzung des Detailhandels in vielen Branchen, die überflüssigen Geschäftsreisenden usw. sind oft Gegenstand der Anklage geworden. Zum Teil durchaus mit Recht. Es geschieht freilich schon von selbst manches, um Zwischenglieder auszuschalten: so durch die Syndikate, durch Einkaufsgenossenschaften der Landwirte und einzelner Gewerbe, durch Konsumvereine und Absatzvereinigungen. Vermöchte das indessen nicht ganz planmäßig ins Werk gesetzt zu werden? Durch eine solche wirkliche Gemeinwirtschaft scheinen Kräfte freigesetzt zu werden, die unmittelbare Nützlichkeiten und Gebrauchsgüter herstellen könnten. Verursacht nicht der heutige Weg, in der sehr viele konkurrierende Geschäfte nebeneinander bestehen, in der Niederlagsfreiheit und Gewerbefreiheit den Bedarf vermitteln, zu hohe unproduktive Kosten, die bei planmäßiger Leitung ganz fortfielen? Hier liegt eine weitverbreitete, aber unrichtige Vorstellung zugrunde. Jede zentrale Organisation, gleich ob Amtsstelle oder Selbstverwaltungskörper, hat andere neue Kostenelemente aufzuweisen, kommt aber ebensowenig ohne solche aus wie der private Handel. Denn es bestehen eben ganz bestimmte Funktionen, die unter allen Umständen erfüllt werden müssen, und die bisher der Handel erfüllte. Es ist zuzugeben: oft auf sehr unvollkommene Weise. Welche sind das?

Einmal handelt es sich um Rohstoffe bestimmter Qualität und um bestimmte Warenarten, die der individuelle Kaufmann weit passender auszuwählen vermag als ein Zwangssyndikat oder ein staatliches Bureau¹). Sodann hat der Handel die pflegliche Behandlung der Waren zu übernehmen, auf die es sehr viel ankommt. Eine solche Verwaltung der Waren ist wiederum eine Funktion, die ihm kein anderer abnehmen kann, um Verluste möglichst zu vermeiden. Das hat die Kriegsverwaltung deutlich gezeigt. Weiter kommt das Kreditmoment in Frage; bei Fortfall des Handels müßte für die Zeit des Warenumsatzes das Kapital oder die notwendigen Genußmittelvorräte von anderer Seite vorgestreckt werden: das setzt bedeutende Aufwendungen voraus. Endlich verursacht jede andere Organisation an sich ebenfalls Kosten. Vor allem jede zentralistische Organisation, die notwendig bureaukratisch und fachunkundig vorgenommen werden muß, kostet noch mehr. Man hat eben in jedem volkswirtschaftlichen System mit unproduktiven Leistungen zu rechnen, die man voll in Rechnung setzen soll. Die distributive Tätigkeit des Handels an sich muß aber unter allen Umständen ausgeübt werden. Darum erscheint mir die Ersparnis an nationalen Kräften nicht sehr erheblich zu sein, die bei einer einheitlichen Regelung des Absatzes, wie die Planwirtschaft sie vornehmen will, herausspringt. Sicherlich entfallen bei dem gegenwärtigen System in Deutschland zwölf vom Hundert der Bevölkerung allein auf Handel und Verkehr. Aber ob die Zahl der distributiven Kräfte an sich geringer wird, wenn diese Tätigkeit „geregelt" würde, sieht doch höchst zweifelhaft aus. Noch mehr freilich, ob sie gleich gut und zuverlässig arbeiten wird. Denn man müßte statt der privaten Händler ebensoviel anderes Personal und sachliche Kosten auf den Apparat und die Organisation verwenden. Und vermutlich sogar noch einige mehr. Unproduktive Leistungen hier, unproduktive Leistungen dort: wir müssen sie nun einmal in Kauf nehmen und sie bei einer Sozialisierung erst recht in Rechnung stellen.

c) Ein Einfluß auf die Preisbildung wird vor allem in dem Sinne angestrebt, daß man übermäßige Preise herabdrückt oder durch Betriebsverbesserungen vermindert. Auch hier scheint ein erhebliches Mißverständnis vorzuliegen, das sich aus dem Zustand der Kriegswirtschaft herschreibt. Die Eigentümlichkeit der Abschließung des Marktes und die dadurch erlangte Monopolstelluug der Anbietenden kommt in der Friedenswirtschaft wieder in Fortfall. Eine nationale Preispolitik verbietet sich jedoch in dem Augenblick, wo der freie Weltmarkt wiederhergestellt ist. Selbst bei einem noch so stramm organisierten Kartell ist der

---

¹) Dazu die unter dem Titel „Der Großhandel und die deutsche Volkswirtschaft" herausgegebene Schriftenfolge, z. B. Oppenheimer, Großmann, Leidig u. a.

Wettbewerb keineswegs ganz ausgeschlossen. Zudem hat die Handelspolitik Mittel zur Verfügung, um ihn effektiv werden zu lassen. Dieser Umstand gilt auch bei der Mitwirkung der Verbraucher an der Preisbildung: sie würde voraussichtlich von erheblich geringerem Belang sein, als man vielfach mutmaßt. Eine Mitwirkung aller anderen Instanzen vollends würde nur verschwindenden Einfluß auf die Preise auszuüben vermögen. Oder sie würde durch unrichtige Normierung die Produktion hemmen und die ganze Volkswirtschaft schädigen. Der Preis ist nun einmal im privatwirtschaftlichen System, das man ja im übrigen beibehält, der Regulator der Produktion wie des Einkommens und Güterverbrauches. Er beruht auf einem sehr exakt arbeitenden Feinmechanismus, der sich kaum durch einseitige Regelung beseitigen oder wesentlich verschieben läßt, ohne das System selbst ins Wanken zu bringen. Er will darum ganz besonders behutsam behandelt werden.

d) Endlich Standortsänderung und Stillegung von Betrieben. An sich vermöchte eine Planwirtschaft allerdings unvorteilhafte Betriebe auszuschalten. Wenigstens auf dem Papier. Die unmittelbare Wirkung auf die Arbeiterschaft würde aber, wie schon vorher gesagt ist, eine höchst ungünstige sein. Sie wäre zu ertragen und müßte in Kauf genommen werden, wenn dadurch eine Entlastung der Volkswirtschaft und eine Erhöhung der Erträgnisse einträte. Darum darf sie nur mit allergrößter Vorsicht und ganz allmählich geschehen, wenn eine Zentralstelle die Sache verwaltet. Dabei wären außerdem stets lokale Vorteile und eine gewisse Dezentralisation im Auge zu behalten. Auch hier besteht ein nicht geringer Widerspruch zwischen theoretisch weitestgehender Konzentration der Verwaltung und der damit Hand in Hand gehenden Dezentralisation der Betriebe. Natürlich verursachte die geschaffene Zentralinstanz wieder von neuem unproduktive Aufwendungen, die die Erzeugung mittelbar belasten.

Anders stünde die Sache, wie ich vorher schon ausgeführt habe, in dem Falle, wo Zwangssyndikate oder Selbstverwaltungskörper der Industrie gebildet würden[1]). Sie müßten alle möglichen Betriebe des Gewerbezweiges umfassen, auch die kleineren und schwächeren. Das erschien uns vordem als Haupteinwand gegen eine solche Zwangsorganisation der Wirtschaft daß sie einen bestehenden Zustand zu verewigen imstande ist. Die kleineren und schwächeren Betriebe würden natürlich mitzureden haben. Gerade bei Mitwirkung der Arbeiterschaft würden sie sich einer Still-

---

[1]) Dies bekanntlich ein Grundgedanke der Wisselschen Denkschrift.

legung nach Möglichkeit zu widersetzen versuchen: sie verhalten sich darin ganz anders wie die Trusts, die aus privatem Gewinnstreben solche Stillegungen vornehmen. Diesen großen Unterschied darf man niemals übersehen. Wenn man jedoch eine solche Stillegung aus gemeinwirtschaftlichen Gründen befiehlt, so würde die Folge wiederum Arbeitslosigkeit sein, die man dem heutigen System der Konkurrenz gerade zum Vorwurf macht. Auch hier also ein schweres Dilemma und ein innerer Widerspruch.

Ähnlich steht es mit der Frage des technischen Fortschrittes. Ob er gerade durch Zwangssyndikate und Selbstverwaltungskörper bei dem Fehlen jeder Konkurrenz am besten aufgehoben wird, kann höchst zweifelhaft sein. Übrigens möchte auch hier sehr oft die Einführung technischer Verbesserungen, vor allem der weitere Ersatz der Menschenarbeit durch Maschinen, wiederum die Wirkung haben, eine industrielle Reservearmee zu erzeugen und mithin den Lohndruck zu vermehren. Ihr dürfte also nur sehr allmählich stattgegeben werden. — Etwas anderes ist es, eine vollständig planmäßig organisierte Wirtschaft auf dem Papier zu entwerfen. Die funktioniert natürlich, wie alle rationellen Konstruktionen, vollständig reibungslos. Sie bedeutet ein „Perpetuum mobile" der Volkswirtschaft, das es nicht gibt und niemals geben kann. Etwas anderes ist es, im privatwirtschaftlichen System die Durchführung von bestimmten Maßnahmen ins Werk zu setzen und vorher in allen Konsequenzen zu durchdenken. Nur mit letzterem haben wir es hier zu tun. Dabei wird sich freilich auf dem Gebiete der Normalisierung und Typisierung durch Vereinbarungen der Fachverbände und Kartelle unendlich viel erreichen lassen. Hierin scheinen mir die Anhänger des Systems absolut recht zu haben, daß eine Überfülle ganz nebensächlicher und zufälliger Formen, Muster und Modelle zum guten Teil nur aus Konkurrenzgründen entstanden sind, die unproduktive Arbeit bedeuten[1]). Auch an überflüssigem Hin- und Hertransportieren der Waren könnte sehr gespart werden, wenn der nächste Produzent den Verbraucher aufsucht und umgekehrt (Carey-Dühringsches Problem). Es bleibt die Frage offen, wie weit hier freiwilliger Zusammenschluß, wie weit Zwang und planmäßige Regelung dieses Gebiet am meisten fördert.

Andererseits bringt aber die absolute Konzentration der Betriebe an gewissen Plätzen, die scheinbar höchste Rationalisierung bedeutet, nur teilweise eine Hebung der produktiven Kräfte. Stauung der Arbeiter erzeugt

---

[1]) Darüber Eulenburg, Neue Wege der Wirtschaft. Beispiele bei Rathenau, Neurath, Wilbrandt u. a.

eine unökonomische Zusammendrängung der Bevölkerung, damit Steigerung der Grundrente, bedenkliche Wohnungsverhältnisse, Schwierigkeit der Ernährung, erschwerten Transport. Eine gewisse gleichmäßige Verteilung der Industrie ist darum aus ökonomischen Gründen zweckmäßiger. Sie bringt aber, wie wir sahen, nun andere unproduktive Aufwendungen mit sich[1]), die in der Natur der Sache liegen. —

Prüfen wir so die einzelnen Maßnahmen, die eine „planmäßig betriebene und gesellschaftlich kontrollierte Volkswirtschaft" durchführen könnte, kritisch auf ihre Tragfähigkeit, so ist das Ergebnis durchaus nicht eindeutig, falls man versucht, sie aus dem Papiernen in das Wirkliche zu übertragen. Eine nationale Preisregelung ist in einer Zeit weltwirtschaftlicher Beziehungen von vornherein zur Unfruchtbarkeit verurteilt. Eine Regelung der Produktion nach der Dringlichkeit des Bedarfes erwies sich nicht als durchführbar, weil diese selbst nicht eindeutig feststeht. Sie würde höchstens bei völliger Verstaatlichung aller Industrie und Landwirtschaft, also bei reinem Kommunismus, möglich sein. Der Luxuskonsum hängt zudem wesentlich von der Einkommenverteilung ab, die von der Organisierung gar nicht getroffen wird. Die Regelung des Absatzes hat auf alle Fälle das Moment der inneren Kosten in Rechnung zu ziehen. Sie dürfte sich bei einer bestimmten zwangsläufigen Organisation weit höher stellen als bei freiem Wettbewerb, obwohl hier unproduktive Leistungen ohne weiteres zuzugeben sind. Stillegung und Konzentration von Betrieben endlich haben ebenfalls doppelte Folgen. Einmal können sie wachsende Verwaltungskosten verursachen, wenn sie über ein gewisses Maß hinausgehen (Gesetz der zunehmenden Generalkosten); andererseits möchten sie die Selbstauslese der Betriebe dauernd hindern. Dagegen werden manche Regiekosten, die nur aus Konkurrenzgründen entstehen, tatsächlich fortfallen. Auch könnten eventuell Normalisierung und Typisierung sowie andere technische Verbesserungen in die Wege geleitet werden, sobald nicht sozialpolitische Momente dies vorübergehend erschweren. Dabei bleibt es eine psychologische Frage, wie weit sich die Dinge durch bureaukratische Regelung von oben erzwingen lassen, wie weit eine freiere Gestaltung und das Gewinnstreben des einzelnen das herbeiführt. Auch das Ergebnis erscheint durchaus strittig und keineswegs eindeutig festzustellen.

---

[1]) Untersuchungen über die Wirtschaftlichkeit der Trusts stehen noch ganz aus. Auffallenderweise fehlt leider jede konkrete Vorstellung darüber, und es sind nur ganz vage allgemeine Behauptungen aufgestellt. Es ist aber billig zu bezweifeln, daß ihre Wirtschaftlichkeit eine so große ist. Die Ursache der Vertrustung liegt mehr in finanziellen als in rein betriebswirtschaftlichen Momenten.

V. Vorläufige Zusammenfassung.

1. Wir versuchen die vorläufigen Ergebnisse unserer wissenschaftlichen Betrachtungen in etwas mehr systematischer Weise festzuhalten. Es kann sich dabei nicht um die Kritik von Entwürfen zu einer künftigen Gesellschaftsordnung handeln, sondern nur um die Frage der Tragfähigkeit bestimmter Maßnahmen im heutigen Wirtschaftssystem, ihrer Wirkungen auf die Gesamtheit der Volkswirtschaft, auf deren Gang und Entwicklungsfähigkeit. Dabei ist freilich das politisch-psychologische Moment nicht zu vernachlässigen. Das Bewußtsein der größeren Macht und des mitbestimmenden Einflusses kann die Menschen williger machen, sich den Verhältnissen zu unterwerfen, als wenn sie nur den Befehlen einer bevorzugten Minderheit gehorchen. Das erscheint als der Sinn der modernen Bewegung überhaupt, die **Machtverhältnisse** von Grund aus zu ändern. Damit wäre die psychologische Möglichkeit gegeben, daß der Mensch sich auf die Verhältnisse anders einstellt als dort, wo reine Herrschaft ausgeübt wird. Dabei könnte die Notwendigkeit einer Leitung der Wirtschaftsvorgänge durch selbstverantwortliche Unternehmer allenthalben gewahrt bleiben. Der energetische Unternehmungsgeist ist offenbar noch auf lange hinaus die Bedingung für die Entwicklung der gesellschaftlichen Produktivkräfte. Solange diese aber nicht vollständig entwickelt sind — und sie sind es noch in keiner Weise —, kann nicht gut von einer rein bureaukratischen Verwaltung die Rede sein.

Ein Teil der Sozialisierungsmaßnahmen stellt sich lediglich die Aufgabe, die **neue Machtverschiebung** äußerlich zum Ausdruck zu bringen. Die Bedingung ihrer Verwirklichung im ökonomischen Sinne aber ist: daß dadurch die Entfaltung der produktiven Kräfte nicht unterbunden oder gar gehemmt wird. Wenn das einträte, so würde die Gesamtheit eine Schädigung, d. h. einen Minderertrag an volkswirtschaftlichen Gütern, erhalten. Auf deren Mehrung kommt es durchaus an. Die Demokratisierung der Gewerbe ist an sich nach dieser Richtung neutral. Sie kann fördern, aber sie kann auch hemmen. Die Möglichkeit, daß durch Mitwirkung der Betriebsräte technisch-organisatorische Maßnahmen unterbleiben, weil dadurch die beteiligte Arbeiterschaft unmittelbar ungünstig getroffen wird (Lohnverkürzung, Mechanisierung der Arbeit, Arbeiterentlassung), ist vorhanden. Dadurch würde die Gesamtheit und die zukünftige Entwicklung geschädigt. Es wird die Frage der tatsächlichen Gestaltung sein, ob die Räteorganisation mehr von einem Geiste, der das gerade Bestehende zu erhalten sucht, oder mehr von einem fortschreitenden Geiste der Wirtschaft getragen ist. A priori ist darüber nichts auszusagen. Nur sind beide Möglichkeiten stets im Auge zu behalten, damit nicht schmerzhafte Enttäuschungen erlebt werden.

2. Soweit die bisher vorgeschlagenen Maßnahmen das Verteilungsproblem betreffen, erscheinen die Wirkungen auf die Gesamtheit nicht sehr erheblich. Es handelt sich dabei ausschließlich, das ist niemals zu vergessen, zunächst nur um eine Änderung des Nominalertrages durch Verteilung des in Geld ausgedrückten Überschusses (Mehrwertes) an die Arbeiter. Es ist möglich, dadurch einzelne Arbeiterkategorien herauszuheben und ihren Nominalertrag zu erhöhen. Das kann geschehen auf Kosten des Einkommensanteils der Besitzenden, also des privaten Konsumtionsfonds. Es kann geschehen auf Kosten künftiger Kapitalbildung und des künftigen Güterumfanges, also des volkswirtschaftlichen Akkumulationsfonds. Es kann endlich geschehen auf Kosten, der für die Allgemeinheit bestimmten Aufwendunngen (Abgabenfonds): im ganzen also auf Kosten der drei Verwendungsarten, für die bislang die Überschüsse des Mehrwertes bestimmt waren. Letztere beiden Änderungen in der Verteilung würden jedoch für die Gesamtheit ohne jeden Vorteil, ja sogar schädlich sein. Vom Abgabenfonds kann nichts fortgenommen werden. Denn die allgemeinen Aufwendungen (Kultus, Gesundheitspflege, Rechtsprechung, Verwaltung) werden in Zukunft größer sein, also auch einen größeren Anteil des Überschusses in Anspruch nehmen. Das einzelne Mitglied der Gesellschaft wird stärker auf sie angewiesen sein. Kapitalbildung andererseits bleibt zur Schaffung von Zukunftswerten nötig. Wird dieser für die Kapitalbildung bestimmte Teil des Ertrages, also der Akkumulationsfonds, unmittelbar in den Konsum der Arbeiter überführt, so vermindert sich die Herstellung von Gütern für die Zukunft. Eine Verminderung der Bevölkerung oder Auswanderung müßte die Folge sein. Von der Einwirkung auf die Preise sehen wir dabei ganz ab.

Es bliebe also nur eines übrig: es muß die Erhöhung des Anteiles der Arbeiter und Angestellten am Ertrage auf Kosten des privaten Konsumtionsfonds der bisherigen Genießer (Unternehmer, Kapitalisten, Rentner, Grundbesitzer) geschehen. Wie wir gesehen haben, ist aber der Mehrwert, der dadurch wirklich zur Verteilung gelangt, mag er auch im einzelnen außerordentlich groß erscheinen, im Verhältnis zur Zahl der anteilberechtigten Arbeiter, Angestellten und Beamten doch nur verschwindend. Das war bereits der Fall, wenn wir uns lediglich auf die Geldform beschränkten. Aber man kann durch den „Geldfetisch" hindurchschauend zu den realen Gütern gelangen. Dabei ergibt sich das Folgende: War

schon der bloße Geldbetrag, der auf diese Weise für den einzelnen heraus=
kommt, sehr unerheblich, so ist vollends der Realbetrag an Stoffen, Mate=
rialien, Konsumtionsgütern, der durch Verkleinerung des Luxuskonsums
der Besitzenden gewonnen werden könnte, noch viel geringer. Denn ein
Teil ihres Konsums bezieht sich ohnedies auf gewöhnliche Güter. Wenn
der reine Luxuskonsum fortfällt, so würde ihr Normalkonsum entsprechend
steigen und müßte natürlich ebenfalls befriedigt werden. Verbieten wir
das Tragen von Samt und Seide, so würden diese Kreise mehr Baum=
wolle und Wolle beanspruchen usw. Die materielle Gesamtersparnis an
Materien, Hilfsstoffen und Arbeitskräften, die daraus entstehen, erscheint
verschwindend. Das ergibt sich bereits aus dem, was wir aus der Er=
höhung des Geldanteiles früher ausgeführt haben. Es würde aber selbst
die völlige Wegnahme des überdurchschnittlichen Anteils der Besitzenden
an Gütern, also die völlige Wegnahme ihres Überkonsums (Möbel,
Wohnungseinrichtungen, Badereisen, Pferderennen, Schmuck, Mehrzimmer=
wohnung, Eß= und Kleiderluxus) die Gesamtgütererzeugung für die große
Mehrzahl nicht wesentlich vermehren. Absehen wollen wir davon, daß
die Beseitigung jeder Differenzierung eine kulturelle Verarmung darstellt.
Sie möchte in Kauf zu nehmen sein, wenn dadurch wirklich die Allgemein=
heit Vorteil hätte. Das ist aber nicht der Fall.

Das Ergebnis ist also: der allgemeine Konsumtionsfond erfährt
durch die Verteilung des gesamten realen Überkonsums der Besitzenden
gar keine wesentliche Vergrößerung. Die auf Luxus eingestellte Produktion
ist im Verhältnis zur Gesamtgütererzeugung viel zu gering. Eine Er=
höhung des Nominalertrages, sei es durch Gewinnbeteiligung der Arbeiter
am Einzelbetriebe, sei es durch Lohnerhöhung der Arbeiter in sozialisierten
Betrieben, bedeutet darum in Wirklichkeit gar keine oder nur eine geringe
Besserstellung der Arbeiter in ihrer Gesamtheit. Der Verzicht auf Her=
stellung alles Luxus= und Überkonsums vermehrte die realen Güter für die
übrige Bevölkerung vollends nur in ganz verschwindendem Maße. Ob da=
durch jede Proletarierfamilie mehr als etwa eine Bluse oder ein Paar Stiefel,
einen Kinderanzug und endlich noch das eine oder andere Hausgerät be=
ziehen würde? Schwerlich. Die Wirkung eines Ausgleichs der Reichtums=
unterschiede durch völlige Fortbesteuerung hat mehr eine psychologische
Bedeutung als eine volkswirtschaftliche. Damit fallen all die Erwartungen,
die sich die Arbeiter unmittelbar aus der Gewinnbeteiligung und der
Vollsozialisierung ganzer Betriebe etwa versprechen sollten, in sich zusammen.
**Alle Maßnahmen, die eine Änderung des Verteilungs=
problemes auf dem Boden der privaten Wirtschafts=**

ordnung erstreben, sind in Wirklichkeit nur Schein=
lösungen. Das Schwergewicht liegt ausschließlich auf seiten des
Produktionsproblems.

3. Bleibt die Hauptfrage: die Erhöhung des Rohertrages der Volks=
wirtschaft, die Mehrung der absoluten Gütererzeugung überhaupt und die
Stärkung der produktiven Kräfte. Wie weit können diese auf dem Wege
der Sozialisierung erreicht werden? Das Produktionsproblem gibt sich
in Form einer allgemeinen Rationalisierung der Wirtschaft überhaupt —
sei es der Stoffökonomie, der Zeitausnutzung, der Standortswirtschaft,
der Arbeitsökonomie, der Gebrauchsverwendung, sei es endlich der Durch=
organisierung der Volkswirtschaft im ganzen[1]). Es ist die Frage nach
der Erhöhung des ökonomischen Koeffizienten, d. h. des Verhältnisses
zwischen Ergiebigkeit und Aufwand der nationalen Produktion, wir wir
das öfters genannt haben. Wird dies besser erreicht durch das System
der freien Unternehmung und der energetischen Leitung oder durch eine
bewußte Organisierung der produktiven Kräfte? Das ist allein die
entscheidende Frage des Sozialisierungsproblems.

Jedes System der Gütererzeugung enthält eine Reihe von unproduk=
tiven Kosten, die das Maximum der Leistungsfähigkeit verhindern[2]).
Sie verlangen Aufwendungen für an sich „wertlose" Leistungen, ohne irgend=
wie der Gesamtheit schon materiell zu nützen. Sie mögen dabei für den
einzelnen vorteilhaft genug sein. Das System des mittelalterlichen Hand=
werkes wie das des Merkantilismus enthielt eine große Menge solcher toten
Kosten, die zu überwinden sich das liberale Wirtschaftssystem zur Aufgabe
stellte. In diesem selbst sind nun von neuem solche tote Kosten entstanden.
Bei der freien Verkehrswirtschaft sind die hemmenden Momente oft hervor=
gehoben worden, indem man den Maßstab der absoluten Vernünftigkeit
anlegte. Zersplitterung der Betriebe, überflüssige Zwischenglieder, Über=
setzung vieler Branchen, vor allem beim Detailhandel, Aufwendung für
Reklame, Herstellung reiner Konkurrenzwaren mit tausend Mustern, un=
günstiger Standort der Betriebe usw. Der Grund ist einfach darin zu suchen,
daß das System nicht mit einem Male nach Vernunftprinzipien aufgebaut

---

[1]) Die Einzelheiten in meinen „Vorfragen zur künftigen Finanzwirtschaft"
und in den „Neuen Wegen der Wirtschaft".

[2]) Die Lehre von den produktiven Kräften liegt bei uns im argen; ebenso
die ganze Lehre von der Produktion. Sehr vieles, zum Teil Ausgezeichnetes bei
Marx, Theorien über den Mehrwert, vor allem in Bd. I über Smith, aber auch
sonst. Dazu vielleicht noch Philippovich, Begriff der Produktivität, in Schriften
des Vereins für Sozialpolitik.

wurde, sondern organisch-historisch, also unrationell geworden ist: Der Wille hat mehr als die Vernunft bei seiner Entwicklung und Ausdehnung mitgewirkt. Aber jedes noch so gut durchdachte und organisierte System würde tote Kosten und unproduktive Leistungen nicht entbehren können. Gerade die Organisation und der ganze Apparat der Verwaltung stellen eine solche unproduktive Verteuerung dar. Die Übersichtlichkeit leidet auf andere Weise als unter dem freien System: nämlich durch die Kompliziertheit der Organisation selbst, durch die unökonomische Gesinnung aller nicht unmittelbar am Betriebe interessierten Persönlichkeiten, durch die enormen Kosten der Kontrolle und des bureaukratischen Instanzenweges. Es sind Aufwendungen, die an sich gänzlich wertlos und unproduktiv bleiben. Sie geben zwar Beschäftigung, sind aber doch nur Mittel zum Zweck und vermehren offenbar die produktiven Güter gar nicht. Der Regulierungsapparat kostet eben selbst, abgesehen von der Frage, ob die Leistungen eines solchen Apparates ebensoviel zu schaffen vermögen[1]). Dazu kommt die Vermehrung der inneren Reibungen des Systems, die einen Teil seiner Vorzüge wieder aufzuheben drohen. Es wird für die ideale Gestaltung einer Wirtschaftsordnung an sich darauf ankommen, die toten Kosten auf ein Minimum zu bringen.

Die Mehrzahl der vorgeschlagenen Maßnahmen, das sahen wir, lassen an sich das Produktionsproblem in der Hauptsache überhaupt gänzlich unbeeinflußt. Sie vermögen darum auch die reale Gütererzeugung der Volkswirtschaft kaum nennenswert zu beeinflussen, außer soweit die Demokratisierung der Gewerbe diesen Erfolg zeitigt. Allerdings erwiesen sich gewisse Momente imstande, durch stärkere Interessen der Arbeiter die Rationalisierung selbst zu fördern. Andere scheinen geeignet, dies bezüglich der technischen Errungenschaften zu tun. Die Frage des Arbeitsantriebes kann auf ganz neuen Kulturwerten beruhen, nachdem einzelne der alten Arbeitsantriebe zum Teil zurückgetreten sind. Die Hauptsache wird aber stets die Steigerung der Bedürfnisse und die Notwendigkeit ihrer Befriedigung durch intensive Arbeit bilden. Wir fanden auf der anderen Seite freilich

---

[1]) Als Organisationsproblem faßt die ganze Frage von vornherein H. Beck, Wege und Ziele der Sozialisierung. Die Lehre von der Organisation hat sich Plenge zum Gegenstand besonderer Untersuchungen gemacht: ein Kapitel in den Preußischen Jahrbüchern, 1919, Maiheft. — Die Lehre von der Bureaukratie, die eine besondere Bedeutung künftig erlangen wird, ist überhaupt vollständig vernachlässigt. Der einzige Max Weber hat ihre zentrale Bedeutung für jede künftige Wirtschaft, mag sie sich als „Gemeinwirtschaft" oder wie sonst immer bezeichnen, erkannt und anregend behandelt.

ebenso starke hemmende Momente, die durch die Berücksichtigung der Gegenwartsinteressen der Arbeiter bedingt sind. Viele der Umstellungen organisationstechnischer Art setzen sich zum Teil über die unmittelbaren Interessen der lebenden Arbeitergeneration hinweg. Sie kommen erst einer künftigen Generation zugute. Die Frage ist, ob trotzdem solche Maßnahmen Aussicht auf Verwirklichung haben. Ich wage diese Frage nicht zu entscheiden. Aber allzu wahrscheinlich ist wohl ihre Bejahung nicht. Nur ist sie das eigentliche Zentralproblem aller Sozialisierung überhaupt, wenn sie wirklich die ökonomische Lage der großen Mehrzahl der Bevölkerung auf die Dauer verbessern soll.

Die Planwirtschaft im ganzen erweist sich noch nicht ohne weiteres als die wirtschaftlich ertragreichere: sie bringt eben ein neues Moment der toten Kosten und unproduktiver Leistungen gerade durch die Organisation selbst herein. Das Wirtschaftsprogramm der Wisselschen Denkschrift enthielt davon ein besonders abschreckendes Beispiel[1]). Dieser Apparat entbehrte jeder Anpassungsfähigkeit und vermehrte die Menge der unproduktiven Aufwendungen enorm. Selbst die Übersichtlichkeit des Ganzen ist durch eine planmäßige Leitung noch keineswegs gewährleistet. Jede zu starke Zentralisation birgt in sich wieder neue Momente der Unübersichtlichkeit, des inneren Reibungswiderstandes und der zunehmenden Generalkosten. Es ist aber das erste, was man in jedem System feststellen muß, wie groß der innere Widerstand und damit die toten Kosten sich stellen. Es liegt nur selten in unserer Hand, sie zu beseitigen.

Nur wenn die Leistungsfähigkeit der Volkswirtschaft im ganzen gehoben wird, wenn die unproduktiven Aufwendungen sich wesentlich vermindern, die produktiven Kräfte also sich voll entwickeln, kann die absolute Gütererzeugung so gefördert werden, daß damit auch der Anteil am Ertrag des Arbeiters größer wird. Der Wunsch, daß es der Fall sein möge, bringt leider noch keine Erfüllung, Deklamationen noch keine Änderung. Der Wille des Politikers sieht Lösungen, wo einstweilen nur Probleme vorliegen. Wenn das Verteilungsproblem nicht das Wesentliche ausmachen kann, so sind alle Sozialisierungsmaßnahmen vom Stand-

---

[1]) Die obigen Bemerkungen erfahren durch den kürzlich herausgekommenen Gesetzentwurf über die Sozialisierung der elektrischen Wirtschaft keine Änderung. Sie gehört ganz in das Kapitel der Staats- und Finanzmonopole, der „Vollsozialisierung" nach jetzigem Wortgebrauch. Sie bedeutet aber keine Durchbrechung des privatwirtschaftlichen Systems. Über die Denkschrift des Reichswirtschaftsministeriums im ganzen Eulenburg, Die geplante Planwirtschaft in „Deutsche Politik" Nr. 29 und 30 vom 11. und 18. Juni 1919.

punkt der Produktivität zu prüfen. Hier aber, das geht aus der Beschreibung der verschiedenen Stufen hervor, ist eine einwandfreie positive Antwort zurzeit nicht möglich. Mir scheinen einstweilen sehr starke Momente dagegen zu sprechen, daß die vorgeschlagenen Maßnahmen das Ziel einer Erhöhung der Produktivkräfte irgendwie zu erreichen vermögen: selbst unter der Voraussetzung, daß man die energetische Leitung der Unternehmer beibehält. Bisher geben alle Vorschläge weit mehr Probleme nach dieser Richtung auf, als daß sie etwa schon Lösungen bringen.

Es scheint immer als ein wissenschaftlicher Gewinn, die Fragestellung richtig zu formulieren. Das wurde hier versucht. **Die ökonomische Seite der Sozialisierung ist ausschließlich ein Produktionsproblem: Wie gelingt die Erhöhung und Entwicklung der produktiven Kräfte innerhalb eines gegebenen Systems der Volkswirtschaft?** Maßnahmen bloß organisatorischer Art bedeuten an sich noch keine Lösung dieses Problems, so oft man es auch gemeint hat: auch dann kann es sich um eine Scheinlösung handeln. Es kommt auf das wirkliche Funktionieren an. Denn in jeder „Organisation" stecken eben an sich noch erhebliche unrationelle Momente: es fragt sich stets, wie teuer diese selbst arbeitet. In der Regel wird bei all den Organisationsvorschlägen eben ein Hauptposten vergessen, der sich gedanklich freilich leicht der Aufmerksamkeit entzieht — das ist der innere Reibungswiderstand und die toten Kosten, die der Apparat der Organisation selbst verursacht[1]). Beide sind unter allen Umständen in Rechnung zu stellen. Es ist darum keineswegs sicher, wie weit durch bestimmte Organisationsänderung und Umbilden der Wirtschaftsverfassung das Problem der Lösung näher gebracht werden kann[2]).

4. Die Frage, ob überhaupt Sozialisierung durchgeführt werden soll, stand hier nicht zur Erörterung. Sie ist ein politisches Problem.

---

[1]) Wie leicht dieses Moment verkannt wird, zeigt der Mehrheitsbericht der Sozialisierungskommission. Sie spricht (S. 8) davon, „die überflüssigen Reibungsverluste der kapitalistischen Produktion zu vermeiden und durch Organisation zu ersetzen" — als wenn diese letztere keine „überflüssigen Reibungsverluste" verursachte! Es ist hier wiederum der Gedanke nicht bis zu Ende gedacht.

[2]) Ein vollständig durchgeführtes Programm der Sozialisierungspolitik als organisatorische Aufgabe enthält Beck a. a. O. S. 46/7. Es handelt sich um 5 Aufgaben: 1. Produktionsregelung, 2. Produktionssteigerung, 3. Lohn- und Preispolitik, 4. Verteilung des Produktionsgewinnes, 5. Verstaatlichung und Kommunalisierung. Das Moment der Kosten und der inneren Reibungen des Systems behandelt er freilich nicht. Es ist doch aber die Hauptsache! — Die neueste Schrift von Robert Wilbrandt, Sozialismus, konnte nicht mehr benutzt werden.

Ich habe mich darauf beschränkt, die Tragweite der vorgeschlagenen oder schon ergriffenen Maßnahmen gedanklich zu untersuchen. Was eine kasuistische Erörterung vermag, ist: die Gedanken zu Ende zu durchdenken. Unsere Fragestellung ist bewußterweise eine einseitige gewesen, indem sie ausschließlich die **ökonomische** Seite des Problems betrachtete. Die Sozialisierung hat aber noch eine andere Seite, wie schon hervorgehoben wurde, die politisch-psychologische. Diese entzieht sich naturgemäß einer wissenschaftlichen Beurteilung. Es ist die Frage, ob nicht die stärkere Beteiligung der Volksgesamtheit am Wirtschaftsleben, ihre stärkere Mitverantwortlichkeit am Wirtschaftsprozeß, ihr Mitbestimmungsrecht am Schicksal des Ganzen, auch neue Wirkungen psychischer Art auslösen kann. Ob nicht gerade in dem **Formalen** die Erfüllung weitestgehender Forderungen der Arbeiterklasse liegt, auch wenn der materielle Inhalt des Lebens selbst keine so umstürzende Änderung erfährt? Sozialpolitik würde nötig bleiben, um auf den verschiedensten Gebieten die Schädlichkeiten zu beheben und Vorsorgemaßnahmen zu treffen. Aber die ganze Wirtschaftsverfassung vermöchte dabei eine neue Form zu erhalten, die eine **ideelle** Besserung des Lebens darstellte. Dadurch vermöchte wenigstens das **Bewußtsein der Freiheit** ein anderes zu werden. Wollte man der Hegelschen Deutung des geschichtlichen Prozesses folgen, so könnte die Sozialisierung als ein solcher „Fortschritt in Bewußtsein der Freiheit" gedeutet werden auch ohne daß die ökonomische Änderung selbst von Belang wäre. Das alles sind politische Fragen, die sich nicht auf Grund wissenschaftlicher Erörterungen beantworten lassen.

Nur dies eine scheint wiederum ein unmittelbares Ergebnis unserer Betrachtungen zu sein: auch die stärksten Maßnahmen der Sozialisierung vermögen nur außerordentlich langsam eine Änderung in der wirtschaftlichen Lage der großen Masse der Bevölkerung herbeizuführen. Sie vermögen es nur, wenn das Produktionsproblem selbst in Angriff genommen wird. Auf dem Gebiete der Wirtschaft vollziehen sich die großen Änderungen nicht durch Revolution, sondern durch organische Entwicklung von innen heraus und durch das stetige Wirken der gesellschaftlichen Kräfte. Sie vermögen durch politische Maßnahmen wohl beschleunigt, aber nicht grundstürzend geändert zu werden. Diese Maßnahmen selbst sind in ihrer Wirksamkeit an die Gesetze der organischen Entwicklung gebunden.

Printed by Libri Plureos GmbH
in Hamburg, Germany